DIE PSYCHOANALYSE

EINE KRITIK

VON

OSWALD BUMKE
IN MÜNCHEN

BERLIN
VERLAG VON JULIUS SPRINGER
1931

ISBN-13: 978-3-642-89592-0 e-ISBN-13: 978-3-642-91448-5
DOI: 10.1007/978-3-642-91448-5

Softcover reprint of the hardcover 1st edition 1931

„Eisbär und Walfisch, sagt man, können nicht miteinander Krieg führen, weil sie, jeder auf sein Element beschränkt, nicht zueinander kommen. Ebenso unmöglich wird es mir, mit Arbeitern auf dem Gebiet der Psychologie oder der Neurotik zu diskutieren, die die Voraussetzungen der Psychoanalyse nicht anerkennen und ihre Ergebnisse für Artefakte halten[1]."

Mit diesem Vergleich hat der Schöpfer der Psychoanalyse[2] einen Zustand begründet, der seit Jahren tatsächlich besteht. Man hört zuweilen von kleinen Meinungsverschiedenheiten *innerhalb* der psychoanalytischen Schule; von *Außenstehenden* werden breite und gelegentlich heftige Erörterungen *über* die Psychoanalyse geführt; hundertprozentige Anhänger aber und hundertprozentige Gegner scheinen wirklich selbst zum Kampf nicht mehr „zueinander zu kommen".

Es war nicht immer so, und mir scheint, es ist kein Zufall, wenn es heute so ist. Die Psychoanalyse war ursprünglich als Grundlage einer rein ärztlichen Behandlungsweise gedacht; sie hat dann in zunehmendem Maße zu philosophischen und pädagogischen, prähistorischen und geschichtlichen, literarischen und künstlerischen Betrachtungen[3] geführt und sie ist

---

[1] Gesammelte Schriften 8, 486.

[2] In diesem Aufsatz ist ausschließlich von der Psychoanalyse von FREUD die Rede; er setzt sich also auch nicht mit denen auseinander, die nur einen Teil der Lehren von FREUD übernommen haben.

[3] FREUD selbst schreibt dazu (Die Frage der Laienanalyse. Gesammelte Schriften 11, 381): „Wir halten es nämlich gar nicht für wünschenswert, daß die Psychoanalyse von der Medizin verschluckt werde und dann ihre endgültige Ablagerung im Lehrbuch der Psychiatrie finde, im Kapitel Therapie, neben Verfahren wie hypnotische Suggestion, Autosuggestion, Persuasion, die, aus unserer Unwissenheit geschöpft, ihre kurzlebigen Wirkungen der Trägheit und Feigheit der Menschenmassen danken. Sie ver-

schließlich für manche zu einer Art politischer Überzeugung, wenn nicht zur Weltanschauung geworden. Nun muß man darin in der Tat unterscheiden: in jede Weltanschauung gehen Gefühls- und Glaubensgründe mit ein; über seine Weltanschauung mit einem Gegner zu streiten hat also wirklich sehr wenig Zweck. Aber über eine wissenschaftliche Lehre? In der Wissenschaft galt bisher der *Beweis*.

Insofern hat FREUD, sicher ohne es zu wollen, schon selbst die Frage gestellt, *ob die Psychoanalyse überhaupt eine Wissenschaft ist.* Ich weiß, daß viele die Frage, und zwar begeistert, bejahen; da andere sie ebenso entschieden verneinen, werden die Skeptiker unserer relativistischen Zeit sich auf Pilatus berufen und fragen, ob man denn genau wisse, was Wissenschaft sei. Und damit stehen wir vor einem wichtigen und allgemeinen, aber keineswegs vor einem neuen Problem: gibt es Beweise, die dem einen als „evident" und schlüssig erscheinen und die der andere als verfehlt ablehnen kann? Oder anders ausgedrückt: können sich geistige Anlagen auch der *Art* nach voneinander so sehr unterscheiden, daß man den Gedanken an eine für alle verbindliche Logik aufgeben muß?

Diese grundsätzliche Frage zu beantworten ist natürlich Sache der Philosophie. Nachdem ich sie aber aufgeworfen habe, werde ich wenigstens meine eigene Stellung zur Psycho-

---

dient ein besseres Schicksal und wird es hoffentlich haben. Als ‚Tiefenpsychologie', Lehre vom seelisch Unbewußten, kann sie all den Wissenschaften unentbehrlich werden, die sich mit der Entstehungsgeschichte der menschlichen Kultur und ihrer großen Institutionen wie Kunst, Religion und Gesellschaftsordnung beschäftigen. Ich meine, sie hat diesen Wissenschaften schon bis jetzt ansehnliche Hilfe zur Lösung ihrer Probleme geleistet, aber dies sind nur kleine Beiträge im Vergleich zu dem, was sich erreichen ließe, wenn Kulturhistoriker, Religionspsychologen, Sprachforscher usw. sich dazu verstehen werden, das ihnen zur Verfügung gestellte neue Forschungsmittel selbst zu handhaben. Der Gebrauch der Analyse zur Therapie der Neurosen ist nur eine ihrer Anwendungen; vielleicht wird die Zukunft zeigen, daß sie nicht die wichtigste ist."

analyse gleich zu Beginn dieses Vortrages[1] festlegen müssen. Ich habe die Psychoanalyse seit fast einem Menschenalter bekämpft. Ich halte FREUD für eine der bedeutendsten geistigen Erscheinungen der letzten Jahrzehnte und weiß, daß man sich beim Lesen seiner Schriften stets in der Gesellschaft eines ungewöhnlich geistreichen und selbständigen Denkers befindet; ich erkenne an, daß wir ihm auf manchen Gebieten wertvolle Erkenntnisse verdanken, und daß gewisse Anschauungen, die ich für richtig halte, ohne seine Vorarbeit heute noch nicht möglich sein würden; ja es mag sein, daß ich meine eigene Auffassung von den sich widersprechenden Strebungen der menschlichen Seele, die ich an anderer Stelle[2] ausführlich auseinandergesetzt habe, zum Teil auch der kritischen Beschäftigung mit psychoanalytischen Schriften verdanke. Aber FREUDS *Dogmen lehne ich ab, und noch mehr als den Inhalt seiner Lehre bekämpfe ich seine Methode,* weil sie allem ins Gesicht schlägt, was für mich exakte und damit nachprüfbare wissenschaftliche Forschung bedeutet.

Es ist eigentümlich, wie verschieden sich die Psychoanalyse heute in den verschiedenen Köpfen widerspiegelt. Während ein Anhänger FREUDS, HEINZ HARTMANN[3], jeden Gegensatz zwischen dieser und den sonstigen wissenschaftlichen Denkweisen ebenso bestreitet wie das Vorhandensein einer Brücke, die von ihr zu irrationalen Erkenntnissen führe, und während ALLERS[4], KRONFELD[5], STRAUS[6], ich selbst[7]

---

[1] Der Aufsatz ist die erweiterte Ausarbeitung eines Vortrags, den ich in der II. Allgemeinen Sitzung der 91. Versammlung deutscher Naturforscher und Ärzte in Königsberg am 10. September 1930 gehalten habe.

[2] Das Unterbewußtsein, 2. Aufl. Berlin: Julius Springer 1926.

[3] Die Grundlagen der Psychoanalyse., Leipzig: Thieme 1927.

[4] Über Psychoanalyse. Berlin: Karger 1922.

[5] Über die psychologischen Theorien FREUDS und verwandte Anschauungen. Leipzig: Engelmann 1912.

[6] Geschehnis und Erlebnis. Berlin: Julius Springer 1930.

[7] l. c.

und viele andere seit Jahrzehnten gerade das am meisten an der Psychoanalyse bekämpfen, daß sie das Seelische zu materialisieren und das Unbewußte zu rationalisieren versucht, hat kein Geringerer als THOMAS MANN[1] jüngst genau das Entgegengesetzte gesagt. Für ihn ist FREUDS Libidolehre Naturwissenschaft gewordene Romantik, und die Psychoanalyse wird als der Rückschlag gegen die mechanistisch-materialistischen Neigungen des vorigen Jahrhunderts und als eine Erscheinungsform des modernen Irrationalismus gedeutet.

Auch daß ein Forscher von der Einstellung v. WEIZSÄCKERS und daß manche evangelische Geistliche in allen möglichen Formen der Abstufung Sympathien für die psychoanalytische Bewegung bekunden, gehört in gewissem Sinne hierher. Denn FREUD selbst hat in der „Zukunft einer Illusion" und im „Unbehagen in der Kultur" nicht bloß *eine* Religion, sondern *die* Religion schlechthin so unbarmherzig bekämpft, daß man meinen könnte, der Begründer der monistischen Aufklärung, ERNST HAECKEL, hätte außer den „Welträtseln" auch diese Bücher geschrieben. Man denke: ein Romantiker, der die „Empfindung der Ewigkeit" nicht kennt, der nach seinem eigenen Geständnis das Gefühl von etwas Unbegrenztem, Schrankenlosem, gleichsam „Ozeanischem" niemals in sich entdeckt hat[2]!

Hier klafft ein Widerspruch. Hat THOMAS MANN FREUD mißverstanden, verstehen wir anderen ihn falsch, oder ist nicht vielmehr die Psychoanalyse in sich selbst widerspruchsvoll, und lassen sich diese Widersprüche nicht deuten?

Es liegen aus der letzten Zeit zwei solche Deutungen vor.

---

[1] Die Stellung FREUDS in der modernen Geistesgeschichte. Die psychoanalytische Bewegung 1, H. 1, Mai-Juni 1929. Wien: Internat. Psychoanalyt. Verlag.

[2] Unbehagen in der Kultur, S. 6.

In beiden wird FREUD selbst analysiert und seine Lehre aus seiner Person und ihren Erlebnissen abzuleiten versucht. Sonst aber haben Betrachtungsart und Ergebnis in beiden Arbeiten beinahe nichts miteinander gemein.

In einer menschlich überaus anziehenden Weise nimmt EDGAR MICHAELIS[1] FREUD gegen FREUD selber in Schutz. Auch MICHAELIS geht davon aus, daß die Psychoanalyse rein materialistisch eingestellt sei und daß sie bloß Triebe und im Menschen nur das Tierische kenne. Was uns jedoch FREUD — widerwillig, wie er gelegentlich sagt — über sich selbst mitgeteilt habe, das lasse den Schöpfer dieser Lehre in einem ganz anderen Lichte erscheinen. Von früh an in seiner inneren Sehnsucht nach dem Ideal enttäuscht und dadurch aufs tiefste verwundet, habe er schließlich die Sehnsucht nach dem Ideal unterdrückt und damit seinen Glauben „verdrängt". „Nicht weil er die Probleme des Ichs und des Ideals nicht sah, sondern weil er sie aus inneren Gründen nicht sehen wollte, ... hat FREUD sie aus seiner Lehre verbannt"[2]. Oder an anderer Stelle[3]: „Weil man das Ideal nicht verwirklichen kann, scheint Entidealisierung, Desillusionierung das einzige Mittel, um mit dem Leben fertig zu werden". Auch FREUD habe ursprünglich helfen, bessern, befreien, reinigen wollen, und erst als sein „hohes Streben", sein „urtümlicher starker Drang nach ideeller Entfaltung", als die „ursprüngliche Wärme und Impulsivität" seines Herzens im Kampf mit den Widersprüchen des Lebens enttäuscht worden seien, habe er den Haß die „ursprüngliche Gefühlsbeziehung zwischen den Menschen" genannt. Ein „Hasser aus Liebe" also auch FREUD.

---

[1] Die Menschheitsproblematik der FREUDschen Psychoanalyse. Urbild und Maske. Leipzig: Joh. Ambr. Barth 1925. (Diese Arbeit habe ich leider in Königsberg noch nicht gekannt.)

[2] l. c. S. 54.

[3] l. c. S. 121 u. 67.

Ganz anders hat den Schöpfer der Psychoanalyse ein „Psychoanalytiker", CHARLES MAYLAN, gesehen [1]. Freilich auch für ihn steht das „Ressentiment" hinter FREUDS Werk; aber diesmal ist dieses Gefühl gleich zu Anfang der Haß. Haß gegen seinen Vater, Haß gegen den Papst, den er mit dem Vater gleichsetzt und in dem er zugleich das Oberhaupt der von ihm auch gehaßten Christenheit [2] sieht, gekränkte Eigenliebe zu-

---

[1] FREUDS tragischer Komplex. Eine Analyse der Psychoanalyse, 2. Aufl. München: Ernst Reinhardt 1929.

[2] Ich halte es für notwendig, mich an dieser Stelle mit einer Bemerkung auseinanderzusetzen, die FREUD in dem Aufsatz „Die Widerstände gegen die Psychoanalyse" (Gesammelte Schriften 11, 235) macht: „Endlich darf der Autor in aller Zurückhaltung die Frage aufwerfen, ob nicht seine eigene Persönlichkeit als Jude, der sein Judentum nie verbergen wollte, an der Antipathie der Umwelt gegen die Psychoanalyse Anteil gehabt hat. Ein Argument dieser Art ist nur selten laut geäußert worden, wir sind leider so argwöhnisch geworden, daß wir nicht umhin können, zu vermuten, der Umstand sei nicht ganz ohne Wirkung geblieben. Es ist vielleicht auch kein bloßer Zufall, daß der erste Vertreter der Psychoanalyse ein Jude war. Um sich zu ihr zu bekennen, brauchte es ein ziemliches Maß von Bereitwilligkeit, das Schicksal der Vereinsamung in der Opposition auf sich zu nehmen, ein Schicksal, das dem Juden vertrauter ist als einem anderen." Man wird — leider! — zugeben müssen, daß das hier geäußerte Mißtrauen verständlich ist. Aber *objektiv berechtigt* ist es wohl *nicht*. Zunächst darf ich feststellen, daß ich unter den schärfsten und zugleich scharfsinnigsten Kritikern der Psychoanalyse wiederholt Juden und unter den gläubigsten und urteilslosesten Anhängern sehr häufig Christen gefunden habe. Natürlich wird die Frage, ob die Angehörigen verschiedener Rassen gewisse Dinge ihrer verschiedenen geistigen Struktur wegen verschieden beurteilen müssen, durch diese Feststellung allein nicht gelöst. Dieses durchaus wichtige und ernste Problem, für dessen Erörterung man übrigens eine politisch weniger vergiftete Atmosphäre abwarten sollte, meint aber FREUD offenbar nicht. Er spricht nicht von den Rassenverschiedenheiten des menschlichen Geistes, sondern von der Möglichkeit, daß eine wissenschaftliche Frage aus außerwissenschaftlichen, nämlich aus antisemitischen Gründen unsachlich behandelt sein könnte. Ich brauche nicht zu sagen, daß das so ziemlich das Schlimmste wäre, was der Wissenschaft zustoßen könnte. Aber ich sehe in der — ernsthaften, wissenschaftlich gemeinten — Behandlung der Psychoanalyse für dieses Mißtrauen auch gar keinen Anlaß. Ich bin vielmehr mit FREUD überzeugt,

gleich, die Verstimmung gegen die offizielle akademische Wissenschaft, die ihn nicht früh genug anerkannt habe, alle diese Minderwertigkeits-, Haß- und Rachegefühle haben nach MAYLAN SIGMUND FREUD die Feder geführt. „Das ist der Haß"[1], heißt es, „der FREUD in den äußersten Intellektualismus seiner letzthin materialistisch orientierten, *geist-* und *gemüts*fernen psychoanalytischen Wissenschaft hinaufpeitscht und in der Angst seiner Umkrallung ihn dort festhält." Wie man das schreiben und sich einen Psychoanalytiker nennen und wie man das glauben und doch psychoanalytische Methoden anwenden kann, das verstehe ich nicht und ich kann mir schwer denken, daß es außer MAYLAN überhaupt jemand versteht. Den meisten wird es gehen wie mir: sie werden wünschen, daß ein solches Buch gegen einen Siebzigjährigen niemals geschrieben sein möchte. Aber eines ist doch wichtig: daß die psychoanalytische Methode auch solche ungeheuerlichen Schlüsse erlaubt. Man kann mit ihr alles beweisen, weil sie sich *weder auf unwiderlegliche Tatsachen stützt noch auf ein klares verstandesmäßiges Erkennen.*

Ich vermesse mich nicht, die Grenzen der menschlichen Forschung und den Begriff der Wissenschaft zu bestimmen;

daß die Psychoanalyse — auch wenn ihre Behauptungen richtig wären — ihres *Inhaltes* wegen zunächst unter allen Umständen auf heftigen Widerstand stoßen mußte, und daß die Heftigkeit dieses natürlichen Widerstandes auch die Formen erklärt, in denen er sich gelegentlich geäußert hat. Diese Formen sind, nebenbei bemerkt, intra muros nicht milder gewesen. Nachdem es aber zu diesen Kämpfen innerhalb der Wissenschaft einmal gekommen war, wird man gewiß zugeben dürfen, daß bei der Einstellung von Fernerstehenden gelegentlich auch Rassengesichtspunkte mitgespielt haben mögen. Zu fragen bleibt nur, ob sich nicht mindestens ebenso viele für die Psychoanalyse eingesetzt haben, weil ihr Schöpfer ein Jude ist, und weil sie meinten, die Lehre würde nur deshalb bekämpft. In beiden Fällen ist diesen Heimkriegern ihre Parteinahme sicher dadurch wesentlich erleichtert worden, daß sie gewöhnlich vom Inhalt der psychoanalytischen Lehre sowohl wie von ihren methodischen Grundlagen sehr wenig wußten.

[1] MAYLAN, CH.: FREUDS tragischer Komplex, S. 198.

aber ich könnte mir doch eine Definition denken, die diese Grenzen mit denen des verstandesmäßigen Erkennens grundsätzlich zusammenfallen ließe. Da Wissenschaft und Forschung, wie man sie auch definieren mag, niemals *alles* Geistige ausschöpfen werden, käme dabei m. E. auch die Romantik zu ihrem Recht. Unmittelbar hat die Wissenschaft, die, um sich nicht selbst aufzugeben, von jeher jede Behauptung mit Tatsachen und jeden Schluß mit Gründen belegt, mit Romantik gewiß wenig zu tun. Die Romantik kann ihr wie alles andere zuweilen zum *Gegenstand* werden; sonst werden die Grenzen zwischen beiden nur mittelbar, nämlich dadurch scheinbar verwischt, daß auch der Forscher, wenigstens wenn er *schöpferisch* arbeiten soll, Phantasie und Einfälle gebraucht, und daß man deshalb Künstlergelehrte wie LIONARDO und GOETHE z. B. aus der Geschichte der Wissenschaft einfach nicht fortdenken kann. Aber die Einfälle allein tun es weder in der Wissenschaft noch in der Kunst, und zur Romantik gehört wohl mehr, als daß einer auf wissenschaftliche oder, wie man heute gern mit spöttischem Seitenblick sagt, auf rationale Beweise verzichtet. Oder darf man wirklich jemand nur deshalb einen Romantiker nennen, weil er, gleichviel was er behauptet, diese Behauptungen lediglich auf subjektive Einfälle stützt, weil er dauernd allenfalls mögliche mit bewiesenen Zusammenhängen und Deutungen mit Tatsachen verwechselt oder, wie ALLERS[1] es ausdrückt, weil er nicht seine Einsichten seiner Methode verdankt, sondern seine Methode erst seinen Einsichten angepaßt hat? Ob ein Werk zur Romantik gehört, darüber entscheidet wohl schließlich sein Inhalt; ihrem Inhalt nach aber ist die Psychoanalyse gewiß nicht romantisch, sondern ein Materialismus, der sich nur hinter einer irrationalen Methodik und zuweilen hinter einem mystischen Schleier verbirgt.

---

[1] Über Psychoanalyse. Abhandlungen, herausg. v. BONHOEFFER, H. 16, S. 22. Berlin: Karger 1922.

Ich glaube, daß man auch dies einmal aussprechen muß. Es ist ja nicht das erste Mal, daß romantische Neigungen die exakte Forschung gefährden, und daß man unexakte Methoden durch die Berufung auf die Romantik rechtfertigen will. Ich möchte deshalb zunächst sagen: niemand kann die Romantik als geistige Epoche, niemand die unsterblichen Werke, die sie uns hinterlassen hat, höher einschätzen als ich. Aber die Zeit der Romantiker hat uns Medizinern leider auch einen Haufen blühenden Unsinns beschert — wer mir das nicht glaubt, den darf ich bitten, eine Rektoratsrede nachzulesen, in der FRIEDRICH V. MÜLLER Proben dieser Art niedergelegt hat[1]. Wir verdanken derselben Zeit freilich auch einen Psychologen von großer Begabung, C. G. CARUS, den ich immer wieder lese, seitdem mir vor fünfundzwanzig Jahren seine Vorlesungen über Psychologie zufällig in die Hände gerieten. Aber beachten Sie, mit welcher zarten Behutsamkeit CARUS in diesen Vorlesungen das, was wir über die menschliche Seele wissen oder was man zu seiner Zeit zu wissen glaubte, von dem unterscheidet, was man über die Seele vermuten und jenseits der menschlichen Seele sich denken kann. Hier bleibt die Wissenschaft von Weltanschauung und Kunst überall deutlich getrennt. Lesen Sie z. B. den Satz[2], der von den besonderen Formen des Seelenlebens nach dem Tode handelt, von „jenem Zeitraum, dessen wahrhaftes Sein der schauenden Vernunft ebenso gewiß ist, als ihr jede im gegenwärtigen Leben vermutete *Art* der Ausfüllung desselben nur, wie jener Sterbende sagte, als *ein großes Vielleicht* erscheinen kann". Lesen Sie diesen Satz und lesen Sie von CARUS viel mehr und dann lesen Sie Bücher von FREUD und Sie werden

---

[1] Spekulation und Mystik in der Heilkunde. München: J. Lindauersche Universitätsbuchhandlung 1914.

[2] Vorlesungen über Psychologie, S. 429. Leipzig: Gerhard Fleischer 1831.

sehen, was ihm zum Romantiker fehlt. Ohne Ehrfurcht, ohne die Ehrfurcht vor den letzten unerforschlichen Dingen kann ich mir keinen Romantiker denken.

Man wird eine Erscheinung wie die FREUDs nur aus der Zeit verstehen können, in der ihre Anfänge liegen. Es war in den neunziger Jahren des vergangenen Jahrhunderts. Die Philosophie hatte den Materialismus bereits überwunden; in der Naturwissenschaft und in der Medizin herrschte er unbeschränkt fort. Die Psychologie aber wollte durchaus Naturwissenschaft sein, und so wurde jeder seelische Vorgang — wie ein Körper in der Anatomie — zuerst in Teile zerlegt, und diese wurden dann mit hirnphysiologischen Ausdrücken benannt. Man hoffte so einen Grundstock zu schaffen, auf dem man später die höheren Stockwerke des Seelischen aufbauen könnte. Es war deshalb vollkommen in Ordnung, wenn sich die wissenschaftliche Psychologie damals fast ausschließlich mit dem Gedächtnis und mit sinnesphysiologischen Fragen befaßte — nur leider satt wurde man nicht; man wollte ja schließlich noch anderes wissen — warum und womit denn Menschen sich quälen, was sie fürchten, wünschen und hoffen, weshalb und wie sie in Wirklichkeit handeln und vieles andere mehr. Wer aber so fragte, der mußte sich schon an Dichter und Schriftsteller halten; die wissenschaftliche Psychologie — es sei denn, man rechnet FRIEDRICH NIETZSCHE hierher —, die Assoziationspsychologie jedenfalls reichte ihm Steine statt Brot.

Um diese Zeit traten zwei Männer auf, die beide das Format gehabt hätten, eine neue Seelenkunde zu schaffen: DILTHEY und FREUD. Und hier beginnt die Tragik. DILTHEY, ein scharfsinniger Denker, der seine Anschauungen mit bewundernswerter Klarheit und mit einer Voraussicht entwickelt hat, die ihm erst heute volle Anerkennung verschafft, DILTHEY war doch nicht lebensnah genug, um der Psychologie seiner eigenen Zeit wirklich helfen zu können. Man hat ihn kaum beachtet und den Psychologen in ihm durch Jahrzehnte beinahe vergessen.

DILTHEYS Gegenspieler jedoch, SIGMUND FREUD, ist ausgesprochen psychologisch begabt, hat den künstlerischen Blick auch für tiefe und dunkle Zusammenhänge der menschlichen Seele, aber er ist zugleich gebunden durch jene materialistische Einstellung[1], die wir zu seiner Zeit bei fast allen Ärzten und Naturforschern finden und die erst aussterben wird, wenn von dieser Altersklasse niemand mehr lebt. Deshalb muß FREUD zunächst alles Psychische ins Biologische übersetzen, es als dynamisch und energetisch betrachten und — um mit ERWIN STRAUS[2] zu reden — in den dunklen und

---

[1] WILLIAM STERN (Person und Sache 2, 239) schreibt: „FREUD, der Schöpfer der Psychoanalyse, faßt die geistige Persönlichkeit wesentlich mechanistisch auf als Aggregat zahlloser psychischer Elemente, die größtenteils im Unbewußten ihr Spiel treiben und nur verzerrte und unerkennbare Symbole ihrer selbst an die Oberfläche des Bewußtseins entsenden. Insbesondere sind es bestimmte von *außen* kommende Einzeleindrücke, die meist schon in der Kindheit Gleichgewichtsstörungen herbeiführen (sogenannte „psychische Traumata") und die, ins Unbewußte verdrängt, Verheerung anrichten. Sie gehören so gut wie immer dem sexuellen Gebiet an, wie denn überhaupt die ganze Zweckmannigfaltigkeit der Person für den Psychoanalytiker zusammenschrumpft zu dem einen Zweckgebiet der Sexualität. Die im Unbewußten Gefahr stiftenden Elemente (die sogenannten „Komplexe") können ins Bewußtsein gehoben und somit unschädlich gemacht werden, indem man von den im Bewußtsein aufzeigbaren Symbolen zu ihnen herabsteigt. Dazu aber muß man nun in allen beliebigen Bewußtseinsinhalten eben Symbole sehen; und die Art, wie die harmlosesten und fernliegendsten Bewußtseinserlebnisse, beliebige Vorstellungsassoziationen, Traumbruchstücke usw. umgedeutet und gedreht werden, bis sich aus ihnen ein zugrunde liegender sexuell gefärbter Komplex im Unbewußten ableiten läßt — dies Verfahren ist von Freud und seinen Schülern zu einem solchen jeder Kritik baren System ausgearbeitet worden, daß man auf das lebhafteste an die Chiromantik und Astrologie des 16. Jahrhunderts erinnert wird."

[2] Ein andermal schreibt derselbe Autor durchaus richtig, der kardinale Fehler bestehe immer wieder in dem Versuch, den Bedeutungsgehalt der Erlebnisse als Veränderung biologischer Funktionen zu interpretieren.

unbekannten Tiefen der Biologie nach Art der Tauchente[1] verschwinden, wenn er eine psychologische Frage nicht beantworten kann.

Hören Sie nur einmal FREUD selbst. Die Mängel der psychologischen Beschreibung, sagt er, würden wahrscheinlich verschwinden, wenn wir an Stelle der psychologischen Bezeichnungen[2] erst die physiologischen oder chemischen einsetzen könnten[3]. Oder[4]: „Die Triebe und ihre Umwandlungen sind das letzte, das die Psychoanalyse erkennen kann. Von da an räumt sie der biologischen Forschung den Platz. Verdrängungsneigung sowie Sublimierungsfähigkeit sind wir genötigt, auf die organischen Grundlagen des Charakters zurückzuführen, über welche erst sich das seelische Gebäude erhebt. Da die künstlerische Begabung und Leistungsfähigkeit mit der Sublimierung innig zusammenhängt, müssen wir zugestehen, daß auch das Wesen der künstlerischen Leistung uns psychoanalytisch unzugänglich ist." Also sollte man meinen, die Triebe wenigstens ließen sich psychologisch erforschen. Man sollte es um so mehr meinen, als FREUD in den „Vorlesungen zur Einführung in die Psychoanalyse" ausdrücklich sagt[5]: „Die Psychoanalyse will der Psychiatrie die vermißte psychologische Grundlage geben, sie hofft, den gemeinsamen Boden aufzudecken, von dem aus das Zusammentreffen körperlicher mit seelischer Störung verständlich wird. Zu diesem Zweck muß sie sich von jeder ihr fremden Voraussetzung anatomischer, chemischer oder physiologischer Natur freihalten, durchaus mit rein psychologischen Hilfsbegriffen arbeiten." Aber nun erfahren Sie plötzlich[6], daß „die Annahme gesonderter Ich-

---

[1] Geschehnis und Erlebnis. Berlin: Julius Springer 1930.

[2] Wörtlich: Termini.

[3] Jenseits des Lustprinzips. Gesammelte Schriften 6, 253.

[4] Eine Kindheitserinnerung des Leonardo da Vinci. Gesammelte Schriften 9, 452.

[5] Gesammelte Schriften 7, 14.

[6] Kleine Schriften 4, 84/85.

und Sexualtriebe, also die Libidotheorie zum wenigsten auf psychologischem Grunde ruht und wesentlich biologisch gestützt ist.“

Ja was ist nun wahr? Wer nicht schwindelfrei ist, wird bei solchen Wendungen nicht mehr mitkommen können. Aber vielleicht hat die Psychoanalyse ihren Standpunkt — von der biologischen zur psychologischen Betrachtung — erst im Laufe der Jahre geändert? Sicher ist, daß die Hinweise auf das Biologische in den späteren Schriften seltener werden. Immerhin, noch in dem Aufsatz „Das Ich und das Es“, der zuerst 1923 erschienen ist[1], hat FREUD die Beziehungen des Es, des Ich, des Vorbewußten usw. in einer Abbildung genau so dargestellt, wie man vor zwanzig Jahren die sogenannten Hirnzentren, also etwa die sensorische und die motorische Sprachregion und ihre Verbindungen darzustellen versuchte. Sie finden dazu im Text den Satz: „Etwa fügen wir hinzu, daß das Ich eine ‚Hörkappe‘ trägt, nach dem Zeugnis der Gehirnanatomie nur auf einer Seite. Sie sitzt ihm sozusagen schief auf.“ Ein so selbständiger Denker und ein so guter Psychologe hat sich seiner rein hirnphysiologisch und zum Teil hirnmythologisch[2] eingestellten Zeit nicht einfach einordnen können; aber diese Einstellung überwunden hat er niemals.

Es ist klar, was unter solchen Voraussetzungen eintreten mußte. FREUD muß dem Irrationalen begegnen, auf das Unbewußte als den Urquell alles Seelischen stoßen. Da er sich aber nicht entschließen kann, dieses Unbewußte der Philosophie, der Biologie oder beiden zu überlassen, und da es

---

[1] Gesammelte Schriften **6**, 368.

[2] Das Wort Hirnmythologie stammt von FRANZ NISSL, also von einem großen — Gehirnanatomen. Es hat sich nicht, wie manche irrtümlich annehmen, auf WERNICKE und die Aphasielehre, sondern auf die Rektoratsrede von FLECHSIG über „Gehirn und Seele“ bezogen.

außerdem für seine Zeit etwas Irrationales nicht gibt, so wirft er in grandioser Dialektik Materialismus und Romantik, Rationales und Irrationales, Körper und Seele zusammen; das Unbewußte wird alles, das Bewußtsein ein Nichts; das Physische denkt und das Unbewußte besitzt eine Seele; was unerforschlich erschien, das Es, wird analysiert, und was wir studieren wollten, das Ich, ist so gleichgültig, daß sich gar keine Forschung mehr lohnt. So wird mit Begriffen und Worten jongliert, Hypothesen (in des Wortes *schlechter* Bedeutung) werden auf Hypothesen gehäuft; bewiesen wird nichts, aber jede Behauptung tritt mit dem Anspruch der Unfehlbarkeit auf. Noch einmal, man mag die Wissenschaft definieren, wie man will: *die Psychoanalyse ist weder Naturwissenschaft noch Wissenschaft überhaupt*[1]. Aber sie ist auch kein Märchen, weil sie nicht aus dem Herzen stammt, sondern aus einem eiskalten, grüblerischen und beim Grübeln verirrten Verstand.

Was ist das Unbewußte bei FREUD*?* Ein Heinzelmännchen, das im Verborgenen schafft, nur nicht so liebenswürdig und gütig wie das kleine Männchen des Märchens; eine Unterseele, die mit den Gefühls- und den Verstandesmitteln des Oberbewußtseins arbeitet, ohne dem Bewußtsein je etwas anderes als Fertigware zu liefern; eine Küche im Keller, in der man die raffiniertesten Gerichte bereitet, um sie im Aufzug nach oben zu schicken; das eigentliche Ich, das denkt, fühlt und will, begehrt und ablehnt, haßt und liebt, das vor allem aber immer geil ist; das nicht bloß die anderen, sondern auch das eigene Bewußtsein dauernd belügt und betrügt und das dazu die umständlichsten Erwägungen anstellen muß — und doch

---

[1] Ähnlich schreibt ARTHUR KRONFELD (l. c., S. 119): „Mit der Wissenschaft und ihren Maßstäben sachlicher Strenge hat die Lehre nichts zu tun." Vgl. dazu auch meine Auseinandersetzung mit HANS KUNZ auf S. 60 dieser Schrift.

bloß ein Hirngeschehen, das zwangsläufig rein energetischen Prinzipien gehorcht.

Was wir aber *Bewußtsein* nennen, ach das ist ein armer Tropf, der zu schieben glaubt und geschoben wird, ein „gelegentlicher einzelner Akt", „ein Anteil", ja eigentlich überhaupt nicht die Psyche, sondern bloß ein „Sinnesorgan", das seelische Eigenschaften „wahrnehmen" kann[1]. Das Bewußtsein gibt vom Seelischen nur einen Ausschnitt, und noch dazu einen, der falsch ist und schief, der sich also auch nicht verstehen läßt, bis man die Geheimschrift entziffert, hinter der sich das Unbewußte, das Es, also die eigentliche Psyche verbirgt. Im Bewußtsein liegen die größten Widersprüche nebeneinander, im Unbewußten gibt es sie nicht. Hier stellt sich bei tieferer — psychoanalytischer — Einsicht das Harmlose, Gleichgültige, Zufällige ebenso wie das scheinbar Absurde als sinnvoll, zweckmäßig, wichtig und notwendig heraus[2].

Die Widersprüche sowohl wie der Sinn werden dabei durch das Lustbedürfnis, durch den Egoismus bedingt, der sich den Anforderungen unseres sozialen Lebens nicht fügen und anpassen kann. Die Kultur ist nach FREUD[3] „unter dem Antrieb der Lebensnot auf Kosten der Triebbefriedigung geschaffen worden und sie wird zum großen Teil immer wieder von neuem erschaffen, indem der Einzelne, der neu in die

---

[1] Vgl. „Metapsychologie" (Gesammelte Schriften 5, 486): „Es bleibt uns in der Psychoanalyse gar nichts anderes übrig, als die seelischen Vorgänge für an sich unbewußt zu erklären und ihre Wahrnehmung durch das Bewußtsein mit der Wahrnehmung der Außenwelt durch die Sinnesorgane zu vergleichen."

[2] Vgl. KRONFELD: (Über die psychologischen Theorien FREUDS und verwandte Anschauungen. Leipzig, Engelmann, 1912, S. 3) „. . . mit dem Erfolg, daß in den rätselhaftesten Abläufen nichts mehr unklar, nichts irrational, alles gefordert und nach Gesetzen geordnet erscheint."

[3] Vorlesungen zur Einführung in die Psychoanalyse. Gesammelte Schriften 7, 15.

menschliche Gesellschaft eintritt, die Opfer an Triebbefriedigung zugunsten des Ganzen wiederholt". So hinterläßt jeder Tag einen Rest enttäuschter Hoffnungen und nicht gelöster Konflikte, die ins Unbewußte verdrängt, im Bewußtsein also nicht mehr erinnert werden. Im Unbewußten aber wirken und wühlen diese verdrängten Erinnerungen ebenso wie die von unseren Urvätern ererbten Triebe weiter, und beide erzeugen dadurch bei nicht widerstandsfähigen Naturen alle Neurosen und manche Psychosen.

Hier werde ich, obwohl sich meine Kritik viel mehr gegen die Methode der Psychoanalyse als gegen ihre Ergebnisse richtet, doch eine kurze Darstellung von FREUDS Libidolehre einflechten müssen. Es soll, um jedes mögliche Mißverständnis auszuschliessen, mit FREUDS eigenen Worten geschehen:

„*Libido soll*[1], *durchaus dem Hunger analog, die Kraft benennen, mit welcher der Trieb, hier der Sexualtrieb, wie beim Hunger der Ernährungstrieb sich äußert.*" ... „*Wir beobachten, daß der Säugling die Aktion der Nahrungsaufnahme wiederholen will, ohne neue Nahrung zu beanspruchen. ... Wir sagen, er lutscht. ... Wir können den Lustgewinn nur auf die Erregung der Mund- und Lippenzone beziehen, heißen diese Körperteile erogene Zonen und bezeichnen die durch Lutschen erzielte Lust als sexuelle. ... Das Saugen an der Mutterbrust wird der Ausgangspunkt des ganzen Sexuallebens, das unerreichte Vorbild jeder späteren Sexualbefriedigung.*" ... „*Die Analyse*[2] *zeigt, daß dabei (sc. bei der Hysterie) alle pervers genannten Regungen zur Äußerung kommen, welche das Genitale durch andere Organe ersetzen wollen. Diese Organe benehmen sich dabei wie Ersatzgenitalien; wir sind ... durch die Symptomatik der Hysterie zur Auffassung gelangt, daß den Körper-*

---

[1] Vorlesungen, Gesammelte Schriften 7. S. 323ff.

[2] l. c. S. 319.

organen außer ihrer funktionellen Rolle eine sexuelle — erogene — Bedeutung zuzuerkennen ist. ... Ungezählte Sensationen und Innervationen, welche uns als Symptome der Hysterie entgegentreten, an Organen, die anscheinend nichts mit der Sexualität zu tun haben, enthüllen uns so ihre Natur als Erfüllung perverser Sexualregungen, bei denen andere Organe die Bedeutung der Geschlechtsteile an sich gerissen haben.“ ... „Da aber[1] *alle Menschen solche perverse, inzestuöse und todeswütige Träume haben, nicht bloß die Neurotiker, dürfen wir den Schluß ziehen, daß auch die heute Normalen den Entwicklungsweg über die Perversionen und die Objektbesetzungen des Ödipuskomplexes zurückgelegt haben ...“. „Wir haben*[2] *den Begriff der Sexualität nun so weit ausgedehnt, daß er auch das Sexualleben der Perversen und das der Kinder umfassen kann. ... Was man außerhalb der Psychoanalyse Sexualität heißt, bezieht sich nur auf ein eingeschränktes, im Dienste der Fortpflanzung stehendes und normal genanntes Sexualleben.“ ... „Man machte*[3] *sich also langsam mit der Vorstellung vertraut, daß die Libido, die wir an den Objekten haftend finden, ... auch von diesen Objekten ablassen und an ihrer Statt das eigene Ich setzen kann. ... Den Namen ... — Narzißmus — entlehnten wir einer ... Perversion, bei welcher das erwachsene Individuum den eigenen Leib mit all den Zärtlichkeiten bedenkt, die man sonst für ein fremdes Sexualobjekt aufwendet. ... Es ist ... wahrscheinlich, daß dieser Narzißmus der allgemeine und ursprüngliche Zustand ist, aus welchem sich erst später die Objektliebe herausbildete. ... So war der Autoerotismus die Sexualbetätigung des narzißtischen Stadiums der Libidounterbringung. ... Narzißmus ist die libidinöse Ergänzung zum Egoismus.“ ... „Sodann müssen wir*[4] *in Betracht ziehen, daß gerade die sexuellen Triebregungen außerordentlich plastisch sind. ... Sie können die*

---

[1] Gesammelte Schriften 7, 350. [2] l. c. S. 330.
[3] l. c. S. 430. [4] l. c. S. 357.

eine für die andere eintreten. . . . Ferner zeigen die Partialtriebe der Sexualität . . . eine große Fähigkeit, ihr Objekt zu wechseln, es gegen ein anderes . . . zu vertauschen. . . . Unter diesen gegen die Erkrankung durch Entbehrung schützenden Prozessen hat einer eine besondere kulturelle Bedeutung gewonnen. Er besteht darin, daß die Sexualbestrebung ihr auf Partiallust oder Fortpflanzungslust gerichtetes Ziel aufgibt und ein anderes annimmt, welches genetisch mit dem aufgegebenen zusammenhängt, aber selbst nicht mehr sexuell, sondern sozial genannt werden muß. Wir heißen den Prozeß ‚Sublimierung‘[1] . . .“

Dieser Darstellung sei zunächst eine Kritik angeschlossen, die SCHELER[2] an der Libidotheorie geübt hat.

„*Was soll eigentlich*“, *heißt es hier*, „*das Wort ‚libido‘ für eine besondere Tatsache bezeichnen, sofern in ihr noch keineswegs die Tatsache des Geschlechtstriebes vorausgesetzt sein soll, dieser vielmehr erst als eine besondere, in den ‚meisten Fällen‘ eintretende Entwicklungsphase der libido angesehen werden soll? Nimmt man, wie es FREUD tut, an, es sei die Wollustempfindung und das sie begleitende sinnliche Gefühl eine letzte eigentümliche Qualität, und es würden solche Empfindungen zunächst auf mechanische Weise durch eine zufällige Reizung der erogenen Zonen des Säuglings erzeugt, so könnte man geneigt sein, alles Streben nach einem Wiederhaben so gearteter Empfindungen mit dem Namen ‚libido‘ zu bezeichnen. Ganz abgesehen von der Schwierigkeit festzustellen, ob die jenen Reizungen entsprechenden Empfindungen des Säuglings diese besondere Qualität besitzen, muß aber schon jene Vorstellung, wonach ‚libido‘ nicht ein ursprüngliches Verlangen bedeutet (das durch das Eintreten solcher Empfindungen ‚erfüllt‘ werden*

---

[1] Von mir gesperrt.

[2] Wesen und Formen der Sympathie, S. 230.: Cohen 1923.

mag), sondern erst entstünde auf Grund der Erfahrung solcher Empfindungen, von vornherein zurückgewiesen werden. Es ist für die Entwicklung der FREUDschen Theorie ein charakteristischer Vorgang gewesen, daß der Begriff der ‚libido', je mehr er für die Erklärung der verschiedenartigen Liebesbeziehungen leisten sollte, immer mehr einer Formalisierung anheim fiel.“

Im einzelnen muß diese Kritik, die SCHELER ausführlich durchgeführt hat, bei ihm selbst nachgelesen werden. Auf sie näher eingehen möchte ich nicht; meine eigene Kritik will ich da ansetzen, wo FREUD die Libidotheorie begonnen hat: bei den Psychoneurosen.

Ich teile zunächst, um Sie gleich mitten in die Sache zu führen, einige Proben aus einer Analyse mit, die eine offenbar sehr kluge und gebildete (mir persönlich übrigens unbekannte) Dame aus ihren Erlebnissen[1] für mich aufgezeichnet hat. An der Richtigkeit ihrer Erinnerung zu zweifeln besteht für den, der die psychoanalytische Literatur kennt, keinerlei Anlaß.

„Was waren die stärksten Eindrücke ihres Lebens?“

„Der Selbstmord eines jungen Onkels, mit dem ich sehr befreundet war, und der Selbstmord einer Freundin.“

„Onkel — Vaterimago. Natürlich sexuelle Bindung, also Inzest.“

„Warum? Er war mir brüderlich nahe. Zudem sah ich das Ganze kommen, konnte nicht helfen, das genügt doch?“

„Freundin — Schwesterimago — also Inzest.“

„Ich habe selbst eine wunderschöne Schwester. Wäre ich lesbisch oder inzestuös, hätte ich ja von der Kinderstube an die Gelegenheit gehabt. Die Lebensumstände, an denen zwei mir sehr liebe Menschen zugrunde gehen mußten, die ich in Parallele mit mir selbst zog, trafen mich.“

„Vergessen Sie nicht, wir hängen eben vom Sexus ab.“

[1] Sie ist nicht von FREUD selbst analysiert worden.

„Ja. Aber Strindberg definiert das wie das englische Heim: Erster Stock Gehirn, Parterre Wohnung, Erdgeschoß Küche. Man ist eben Herr über seine Triebe.“

„Und dann brechen sie im Symbol durch.“

„Weil ich im Gespräch manchmal eine Handfläche nach oben kehre, ist das schon Bereitschaft? Und werde ich mir auch klar hierüber, heilt mich das?“

„Es bringt allmählich auf den Weg. Schutt wegräumen, die Ursache im frühesten Erinnern suchen, vielleicht schon im Mutterleibe, das müssen wir.“

Oder ein andermal:

„Resümieren wir noch einmal, was Ihnen fehlt.“

„Verzweiflungsgefühl. Ich lebe nicht gern, wirtschaftliche Sorgen, meine Tuberkulose, der ewige Reise- und Fluchtwunsch. Ich möchte fort von hier, nach schönen süddeutschen Städten, Architektur sehen, Gotik ...“

„Also Phallussymbol?“

„Daran habe ich beim Kölner Dom noch nicht gedacht. Darf ich mich auch keines Nadelwalds erfreuen?“

„Alles Spitzige, Ragende — Sie wissen ...“

„Aber ich hatte die dänischen Laubwälder doch auch sehr gerne ...“

„Bogen, Kuppeln — Sie sind eben bisexuell, haben Mutterschoßgedanken ...“

Auf Randbemerkungen will ich verzichten, schon weil ich auf die Symbollehre später noch eingehen muß. Mir liegt wieder nur an dem, was FREUD über die Psychoneurosen grundsätzlich lehrt, und an den Beweisen, auf die diese Lehre sich stützt. Die neurotischen Symptome, hören wir, sind sexuelle Ersatzbefriedigungen[1], und: „Die Psychoneurotiker sind sämtlich Personen mit stark ausgebildeten, aber im Laufe

---

[1] Vorlesungen zur Einführung in die Psychoanalyse. Gesammelte Schriften 7, 318.

der Entwicklung verdrängt und unbewußt gewordenen perversen Neigungen" heißt es im „Bruchstück der Hysterieanalyse"[1]. Das war 1905. Inzwischen hat der Weltkrieg zahllose nervöse Krankheiten ausgelöst, für die die meisten Ärzte ganz andere Ursachen als sexuelle verantwortlich machen wollten. Hören Sie, wie FREUD sich mit diesen abzufinden versucht. Die Behauptung der Gegner, schreibt er 1925[2], die Kriegsneurosen hätten den Beweis für die Überflüssigkeit sexueller Ursachen bei der Entstehung nervöser Erkrankungen[3] geliefert, sei leichtfertig und voreilig gewesen. „Denn einerseits hatte niemand die gründliche Analyse eines Falles von Kriegsneurose durchführen können, man wußte also einfach nichts Sicheres über deren Motivierung und durfte doch aus solcher Unwissenheit keinen Schluß ziehen; andererseits aber hatte die Psychoanalyse längst den Begriff des Narzißmus und der narzißtischen Neurose gewonnen, der die Anheftung der Libido an das eigene Ich, an Stelle eines Objekts, zum Inhalt hatte." 1919 dagegen hatte es geheißen[4]: „Die Kriegsneurosen sind ... aufzufassen als traumatische Neurosen, die durch den Ichkonflikt ermöglicht oder begünstigt worden sind ... Er spielt sich zwischen dem alten friedlichen und dem neuen kriegerischen Ich des Soldaten ab und wird akut, sobald dem Friedens-Ich vor Augen gerückt wird, wie sehr es Gefahr läuft, durch die Wagnisse seines neugebildeten parasitischen Doppelgängers ums Leben gebracht zu werden. Man kann ebensowohl sagen, das alte Ich schütze sich durch die Flucht in die traumatische Neurose gegen die Lebensgefahr, wie es erwehre sich des neuen Ichs, das es als bedrohlich für sein Leben erkennt."

---

[1] Bruchstück einer Hysterieanalyse. Gesammelte Schriften 8, 50.
[2] Selbstdarstellung. Gesammelte Schriften 11, 167.
[3] Wörtlich: sexueller Momente in der Ätiologie neurotischer Affektionen.
[4] Gesammelte Schriften 11, 254.

Nun, die Bibel sagt noch anders: der Geist ist willig, aber das Fleisch ist schwach; in dieser Form ist der Gedanke also nicht neu. Aber beachten Sie bitte, wie hier bei FREUD die Worte „Libido" und „Narzißmus" vieldeutig werden; selbst wenn *sie* keinen erotischen Beigeschmack hätten, der Begriff des Sexuellen wird ihn ja doch wohl behalten. Spielt also die Sexualität — man mag sie der „Genitalität" gleichstellen oder nicht — bei den Kriegsneurosen eine Rolle oder spielt sie sie nicht? Oder, um mit FREUDS eigenen Worten zu reden: haben die Kriegszitterer z. B. an verdrängten und unbewußt gewordenen perversen Neigungen gelitten oder haben sie es nicht getan? Ich weiß, es ist unfreundlich, solche Fragen zu stellen; sobald man irgendwo zufaßt, bricht das ganze Gebäude zusammen. FREUD macht es sich aber auch wirklich zu leicht. In dem schon erwähnten Aufsatz vom Jahre 1919 heißt es wörtlich[1]:

„Dieser andere, vom Studium der Kriegsneurosen nicht berührte Anteil der psychoanalytischen Lehre geht dahin, daß es sexuelle Triebkräfte sind, welche sich in der Symptombildung zum Ausdruck bringen, und daß die Neurose aus dem Konflikt zwischen dem Ich und den von ihm verstoßenen Sexualtrieben hervorgeht. ‚Sexualität' ist dabei in dem erwähnten, in der Psychoanalyse gebräuchlichen Sinne zu verstehen und nicht mit dem engeren Begriff der ‚Genitalität' zu verwechseln. Es ist nun ganz richtig, . . . daß dieser Teil der Theorie an den Kriegsneurosen bisher nicht erwiesen ist. . . . Aber die Gegner der Psychoanalyse, bei denen sich die Abneigung gegen die Sexualität stärker gezeigt hat als die Logik, haben sich zu verkünden geeilt, daß die Untersuchung der Kriegsneurosen dieses Stück der psychoanalytischen Theorie endgültig widerlegt habe. Sie haben sich dabei einer kleinen Vertauschung schuldig gemacht.

---

[1] Gesammelte Schriften 11, 253.

Wenn die — noch sehr wenig eingehende — Untersuchung der Kriegsneurosen nicht erkennen läßt, daß die Sexualtheorie der Neurosen richtig ist, so ist das etwas ganz anderes, als wenn sie erkennen ließe, daß diese Theorie nicht richtig ist."

Ja, etwas anderes ist das schon; aber war es nicht FREUD, der die Sexualtheorie aufgestellt hat, und wäre es nicht an ihm, sie nun auch zu *beweisen?* Das, was er über den Kampf zwischen dem „alten friedlichen und dem neuen kriegerischen Ich" des Soldaten sagt, ist gewiß kein Beweis für irgendeine „Sexual"-Theorie.

Aber auch sonst stimmt sehr vieles nicht. Viele Nervöse leiden an Angst, und im Kriege haben an Angst natürlich auch solche Soldaten gelitten, die im Schützengraben geblieben und nicht in eine nervöse Krankheit geflüchtet sind. Nach FREUD aber geht die Angst immer auf den Geburtsakt zurück. Dieser ist für diesen Affekt „Quelle und Vorbild" geworden. Die erste Angst war „eine toxische", durch „die starke Reizsteigerung durch die Unterbrechung der Bluterneuerung (der inneren Atmung)" bedingt. Bei der Vererbung durch ungezählte Geschlechter wird die Anlage zur Wiederholung dieses Angstzustandes dem Menschen so gründlich einverleibt, daß ihm selbst Macduff nicht hätte entgehen können, der bekanntlich aus seiner Mutter Leib geschnitten worden war „vor der Zeit"[1]. Sie fragen nach einem Beweis. Ich habe nirgends einen gefunden.

Meines Erachtens ergibt sich aus alledem nur eines: FREUD hat sich von vornherein so sehr in eine bestimmte Auffassung vom Menschen, und zwar nicht bloß vom kranken, sondern auch vom gesunden Menschen verrannt, daß er später gar nicht anders konnte als immer nur diese seine Meinung zu finden. Auch beim Gesunden sollen sich ja, und zwar im

[1] Vorlesungen zur Einführung in die Psychoanalyse. Gesammelte Schriften 7, 411.

Traum sowohl wie im Versprechen, Verschreiben, Verlegen, Vergessen des Tages, in zahlreichen scheinbar harmlosen und gleichgültigen Bewegungen, Gesten und Handlungen, in der einfachen Unterhaltung schließlich und erst recht in dem von der Psychoanalyse angestellten Assoziationsexperiment[1] sexuelle oder andere Enttäuschungen, unerfüllbare erotische Wünsche, peinliche Erinnerungen, verborgene Absichten, kurz tausend Beweggründe nachweisen lassen, von denen das Bewußtsein, also das „Ich" unmittelbar gar nichts erfährt. Ja dieselben sexuellen Regungen, deren Unterdrückung so oft zu nervösen Störungen führe, sollen sich, wie Sie hörten, auch „sublimieren", d. h. von ihren eigentlichen Zielen ablenken lassen, um dann an den höchsten kulturellen, künstlerischen und sozialen Schöpfungen beteiligt zu sein.

Nun gegen den letzten Satz wird sich wenig einwenden lassen. Er läßt verschiedene Auslegungen[2] zu; der Grundgedanke ist wieder nicht neu und von anderen hübscher ausgedrückt worden; noch wichtiger ist, daß man ihn auch oft für hohe geistige Zwecke ausgenutzt hat — hier wird man also FREUD wirklich einmal zustimmen dürfen. Aber auch die sogenannten Zufalls- und Symptomhandlungen und die Fehlleistungen des Alltags, die in diesem Zusammenhange dadurch besonders wichtig werden, daß man sie bei *allen* Menschen beobachten kann, auch diese Vorgänge gebe ich *als Tatsachen* unbedingt zu. Nur daß sie einen geheimen Sinn besitzen, daß sie auf ein unbewußtes seelisches Geschehen, auf ein Unbewußtes im Sinne der Psychoanalyse zurückschließen lassen, das finde ich nicht, und das müßte die Psychoanalyse beweisen.

---

[1] Wie dieses angestellt wird, muß bei FREUD selbst nachgelesen werden.

[2] Vgl. S. 14. FREUD gibt, wie wir sahen, ausdrücklich zu, daß das Wesen der Sublimierung und der schöpferischen Leistung „psychoanalytisch unzugänglich sei". Auf die Kritik von SCHELER: l. c. S. 240, sei aber noch ausdrücklich hingewiesen.

Hören Sie also, wie sie das macht. Zunächst zwei Proben, die ich wie alle späteren (wenn ich nicht etwas anderes ausdrücklich sage) FREUDs eigenen Schriften entnehme: Ein Professor[1] soll seinem Vorgänger einige Worte des Gedächtnisses widmen. Er hält von diesem nicht viel, und so sagt er „ich bin nicht geneigt", über die Verdienste dieses Mannes zu sprechen. Sein Unbewußtes, meint FREUD, zwingt ihn zu dieser Entgleisung; sein Bewußtsein habe sagen wollen „ich bin nicht geeignet". — Ein Abgeordneter[2] erklärt, gewisse literarische und künstlerische Erzeugnisse, die er für unsittlich hält, seien in letzter Zeit in bedrohlicher Menge zum „Vorschwein" gekommen. Beweisen diese Entgleisungen ein Unbewußtes, das denkt? Gewiß nicht; denn besitzen sie überhaupt einen Sinn, dann hat nicht das Unbewußte, sondern das Bewußtsein auch sicher gewußt, daß der Professor seine Lobrede lieber nicht gehalten und daß der Abgeordnete außerhalb des Parlaments „Schweinereien" gesagt haben würde. Nur der schon in Gang gesetzte körperliche Apparat hat dem Gegenbefehl nicht mehr gehorcht. Wenn uns auf dem Fahrrad oder im Auto eine plötzlich notwendig gewordene Wendung nicht mehr vollkommen gelingt, so hat unser Unbewußtes doch nicht gleich jemanden totfahren wollen.

Anders ausgedrückt: hier ist das Unbewußte *für uns* eine *physiologische* Einrichtung, die selbst weder denkt noch will, deren sich jedoch das Bewußtsein bedient, wenn es nach außen etwas tun oder mitteilen möchte. FREUD bestreitet diesen Zusammenhang übrigens nicht; beim Versprechen, Verschreiben und sogar beim Verlieren gibt er rein körperliche Ursachen zu. Allerdings wird ihm dieses Zugeständnis nicht leicht. In den meisten Fällen, schränkt er es ein, hätten diese

---

[1] Vorlesungen zur Einführung in die Psychoanalyse. Gesammelte Schriften 7, 34.

[2] l. c. S. 35.

Fehlleistungen wohl doch einen Sinn, und Störungen der Aufmerksamkeit, in der Ermüdung zum Beispiel, könnten ihr Auftreten höchstens erleichtern. Dem Vergessen und Verlegen aber läge *immer* eine Absicht (des Unbewußten) zugrunde, ebenso wie die „Zufalls- und Symptomhandlungen", diese spielend ausgeführten, wie uns scheint harm- und zwecklosen Verrichtungen an unserer Kleidung, an Teilen unseres Körpers, an uns gerade erreichbaren Gegenständen stets einen Sinn haben sollen. „Wer Augen hat, zu sehen, und Ohren, zu hören, überzeugt sich, daß die Sterblichen kein Geheimnis verbergen können. Wessen Lippen schweigen, der schwätzt mit den Fingerspitzen, aus allen Poren dringt ihm der Verrat, und darum ist die Aufgabe, das verborgenste Seelische bewußt zu machen, sehr wohl lösbar[1]." Eine Dame[2], die bei einer Unterhaltung wiederholt in die Handtasche greift, meint damit (d. h. nicht sie, sondern ihr Unbewußtes) jenen Vorgang, den man vor keuschen Ohren nicht nennen darf, den aber keusche Herzen nicht entbehren können. Oder richtiger: sie meint nicht eigentlich ihn, sondern einen häufigen abnormen Ersatz. — Ein geistreicher junger Philosoph mit exquisiten ästhetischen Einstellungen beeilt sich, den Hosenstreif zurechtzuzupfen, ehe er sich zur ersten Behandlung niederlegt: „er erweist sich[3] als dereinstiger Koprophile von höchstem Raffinement, wie es für den späteren Ästheten zu erwarten stand." — Ein junges Mädchen zieht in der gleichen Situation hastig den Saum ihres Rockes über den vorschauenden Knöchel. „Sie hat damit[3] das Beste verraten, was die spätere Analyse aufdecken wird: ihren narzißtischen Stolz auf ihre Körperschönheit und ihre exhibitionistischen Neigungen." — Es ist klar, daß es hier für die Phantasie un-

---

[1] Bruchstück einer Hysterieanalyse. Gesammelte Schriften 8, 80.
[2] l. c. S. 78. [3] Kleine Schriften 4, 433.

begrenzte Möglichkeiten gibt, und namentlich FREUDS Schüler haben ihren Kranken und uns von diesen Möglichkeiten kaum eine geschenkt. Wer — noch im Stande der Unschuld — bei der Mahlzeit oder am Schreibtisch mit einem Gebrauchsgegenstand spielt, wer seine Halsbinde zurechtzupft oder die Feder wiederholt ins Tintenfaß taucht, der braucht bloß einem Psychoanalytiker gegenüber zu sitzen, so wird ihm der Apfel der Erkenntnis serviert. Ob es ihm aber nachher besser geht — nun Adam und Eva ist es nachher auch nicht besser gegangen.

Eine junge Frau[1] setzt unter ein Schriftstück den Namen, den sie bis zu ihrer Heirat geführt hat. Die Ehe ist später unglücklich ausgegangen. FREUD schließt: das Unbewußte hat das schon bei diesem Verschreiben gewußt. — Eine Dame[2] erkundigt sich bei dem Arzt nach einer gemeinsamen Bekannten, nennt sie aber bei ihrem Mädchennamen, weil sie den Namen ihres Mannes vergessen hat. Sie gibt zu, daß sie diesen Mann nicht leiden kann. Nach FREUD ist ihr deshalb sein Name entfallen. — Ein Mann[3] verlegt ein Buch und kann es lange nicht finden. Das Buch ist ein Geschenk seiner Frau. Nach einem halben Jahr findet er es in einem Fach seines Schreibtisches — inzwischen war eine Trübung seiner Ehe beseitigt. — Ein Stelldichein wird vergessen, weil sich die Verliebtheit abgekühlt hat, und die Sitzung eines Vereins, weil das Mitglied inzwischen gewisse Vorteile erreicht hat, um derentwillen es in den Verein eingetreten war.

Sie sehen, mit physiologischen Vorgängen, mit dem Unbewußten in *unserem* Sinne kommen wir hier nicht mehr aus. Haben diese Dinge überhaupt die Bedeutung, die FREUD

---

[1] Vorlesungen zur Einführung in die Psychoanalyse. Gesammelte Schriften 7, 52.

[2] l. c. S. 46. [3] l. c. S 49.

ihnen zuschreibt, dann muß es auch jemanden geben, der von dieser Bedeutung weiß und sie vor den anderen zu verbergen sucht. Für FREUD ist dieser jemand das Unbewußte, das Es. Wir aber fragen, ob man solchen Handlungen und Fehlleistungen überhaupt einen Sinn beilegen darf, und wenn das der Fall ist, ob das Ich, also das Bewußtsein, diesen Sinn nicht sehr genau kennt.

Die Dinge liegen hier meines Erachtens von Fall zu Fall sehr verschieden. Wenn einer behauptet, er hätte ein Versprechen ernsthaft gemeint und es bald darauf trotzdem vergessen, so glaube ich, daß er lügt. Man vergißt nichts, was einen ernstlich bewegt, und man führt aus, was man ausführen will. Wenn eine junge Frau jedoch zwanzig oder mehr Jahre unter jeden Brief ihren Mädchennamen gesetzt hat und sich dann nach der Hochzeit einmal verschreibt, oder wenn ein junger Gatte seinen Trauring verliert, so bin ich harmlos genug, dabei überhaupt nichts zu finden. Zum mindesten müßte man erst die Gegenprobe verlangen: hat nicht auch in glücklichen Ehen eine junge Frau einmal ihren Mädchennamen unter ein Schriftstück gesetzt oder mit ihrem Ring gespielt und ihn darüber verloren[1]? Und umgekehrt: haben alle jungen Frauen, die allein in Deutschland in den letzten zehn Jahren geschieden worden sind, zunächst einmal ihren Trauring vermißt? In der psychoanalytischen Literatur bin ich niemals auch nur dem Versuch begegnet, sich mit diesem Einwand auseinanderzusetzen.

Auch ich könnte also sagen, daß ich zwischen dem Ich und dem Es unterscheide. Aber für mich wäre das Es dann der Körper, und dem Ich würde ich für Vergeßlichkeit und Unaufmerksamkeit oft auch noch mildernde Umstände zusprechen wollen. FREUDS Schlüsse aber halte ich für schlecht-

[1] Ich kenne solche Fälle aus sehr glücklichen Ehen, die zum Teil schon seit über 20 Jahren bestehen.

hin absurd. Wie beweist er denn, daß die Dame eine Masturbantin, der Ästhet ein Koprophile und das junge Mädchen eine Exhibitionistin sein sollen? Alle drei haben etwas getan, was uns anderen harmlos erscheint, und wenigstens das junge Mädchen wäre früher, als die Damen mit ihren Reizen noch etwas zurückhaltender waren, sogar getadelt worden, hätte sie ihren Rock nicht heruntergezogen. Aber FREUD sagt: ihr Es exhibitioniert und ist in sich selber verliebt. „Und Neun ist Eins — Und Zehn ist Keins", heißt es im Faust.

Übrigens glaube ich an die Neun und die Zehn; ich bestreite bloß die Eins und das Keins. Ich muß das sagen; denn FREUD und seine Schüler meinen, wir, die Gegner, lehnten mit ihren Schlüssen auch die *Tatsachen* ab[1], die die Analyse aufgedeckt hätte. Davon ist gar keine Rede. Ich glaube an das Handtäschchen, glaube an den Ring, ich glaube, daß Säuglinge an der Mutterbrust trinken, und daß man ihrer Verdauung gelegentlich durch eine Spritze nachhelfen muß; mit einem Wort, ich glaube an alles, was den Namen einer Tatsache verdient. Ja, ich glaube noch mehr; ich glaube mit Mephistopheles, daß sich gesunde Säuglinge „mit Lust" ernähren, und mit FREUD, daß Erwachsene zu manchen Fehlleistungen einleuchtende seelische Anlässe haben. Nur nenne ich die Lustgefühle bei den Säuglingen nicht „sexuell", und die Erwachsenen möchte ich nicht gleich in ein „Es" und ein „Ich", also in Stücke zerreißen. Sie sollen gleich hören, wie ich das meine. Lesen Sie bitte den Satz: „Es ist[2] . . . sehr

---

[1] Der letzte Grund für dieses Mißverständnis ist immer, daß man Tatsachen mit Schlüssen und Beobachtungen mit Deutungen verwechselt. So schreibt z. B. KRONFELD (l. c.) einmal mit Recht: „Was BLEULER hier Beobachtungen nennt, sind gar keine, es sind nur Deutungen, und zwar Deutungen im Sinne einer Theorie, deren Berechtigung gerade bestritten ist."

[2] Vorlesungen zur Einführung in die Psychoanalyse. Gesammelte Schriften 7, 98.

wahrscheinlich, daß der Träumer es doch weiß, was sein Traum bedeutet, *nur weiß er nicht, daß er es weiß, und glaubt darum, daß er es nicht weiß.*" Es ist klar, daß man hier das Ich, das weiß, mit dem Ich, das nicht weiß, daß es weiß, nicht gleichsetzen darf. Es müßte also der Beweis erbracht werden — und das wäre schließlich das A und O der Psychoanalyse —, daß es in einem und demselben Menschen zwei solche Ichs geben kann.

Hier liegt der Grundstein des ganzen Gebäudes. Mißlingt dieser Beweis, so hängt alles Weitere ganz in der Luft. „Das wäre doch eine merkwürdige, überraschende, unsere Auffassung des Seelenlebens verändernde Tatsache, die sich in ihrer Benennung selbst aufhebt und doch etwas Wirkliches sein will, eine contradictio in adjecto", so schreibt FREUD selbst[1], um dann fortzufahren: „Nun sie verbirgt sich auch gar nicht. Es liegt nicht an ihr, wenn man nichts von ihr weiß oder sich nicht genügend um sie kümmert."

Das ist wichtig. FREUD weiß, alles kommt darauf an, ob dies wirklich eine „Tatsache" ist. Und nun hören Sie seinen Beweis[2]:

„*Als ich im Jahre 1889 die ungemein eindrucksvollen Demonstrationen von LIÉBAULT und BERNHEIM in Nancy mitansah, war ich auch Zeuge des folgenden Versuches. Wenn man einen Mann in den somnambulen Zustand versetzt hatte, ihn in diesem alles mögliche halluzinatorisch erleben ließ und ihn dann aufweckte, so schien er zunächst von den Vorgängen seines hypnotischen Schlafes nichts zu wissen. BERNHEIM forderte ihn dann direkt auf zu erzählen, was sich mit ihm während der Hypnose zugetragen. Er behauptete, er wisse sich an nichts zu erinnern. Aber BERNHEIM bestand darauf, er drang in den Mann, versicherte ihm, er wisse es, müsse sich daran erinnern,*

[1] Vorlesungen. Gesammelte Schriften 7, 100.

[2] l. c. S. 100 u. 101.

und siehe da, der Mann wurde schwankend, begann sich zu besinnen, erinnerte zuerst wie schattenhaft eines der ihm suggerierten Erlebnisse, dann ein anderes Stück, die Erinnerung wurde immer deutlicher, immer vollständiger und endlich war sie lückenlos zutage gefördert. Da er es aber nachher wußte und inzwischen von keiner anderen Seite etwas erfahren hatte, ist der Schluß berechtigt, daß er um diese Erinnerungen auch vorher gewußt hat."

Ich gestehe, daß mich diese Sätze immer wieder erschrecken, wenn ich sie nachlesen muß. Merkt denn FREUD nicht, daß er mit ihnen gar nichts beweist, und daß sie — ja ich kann nicht anders sagen — daß sie nur den bluffen können, der mit dem Wort Hypnose den Begriff von etwas Unheimlichem und Okkultem verbindet und der deshalb auf jedes eigene Denken verzichtet, sobald er es hört?

Unter Ärzten sollte man in diesem Zusammenhang gerade von der Hypnose wirklich nicht sprechen. Die Hypnose ist gut zur Behandlung; aber wenn man etwas über seine Kranken erfahren will, dann ist sie gefährlich. Hier hat es, ähnlich wie auf dem verwandten Gebiet der Hysterie, von jeher so viel Irrtum, Suggestion, Schwindel und Hokuspokus gegeben, daß man fast nie weiß, was eigentlich gewesen ist und was einer uns aus irgendwelchen Gründen vorreden möchte. Außerdem kann FREUD das, was sich beweisen *läßt,* sehr gut *ohne* die Hypnose beweisen. Es gibt überhaupt keine Erinnerungen, die nicht zu Zeiten unzugänglich und zu anderen, mit oder ohne Nachhilfe, zugänglich wären. Jeder Richter und jeder Examinator hat zuweilen gesagt: Aber natürlich wissen Sie das, besinnen Sie sich, dann fällt es Ihnen schon ein. Mit anderen Worten: *daß es ein latentes Wissen gibt, bestreitet kein Mensch;* was ich bestreite und zum mindesten für nicht bewiesen halte, ist, daß diesen Erinnerungen inzwischen irgendeine Form von *psychischem* Dasein zukommen soll, daß über sie nachgedacht, in ihrem Sinne gehandelt wird, kurz, daß sie wirken, als seien sie nicht unbewußt, sondern bewußt.

Daß dagegen unser Bewußtsein nicht bloß beim Versprechen, sondern auch beim Vergessen oft auf physiologische Einrichtungen stößt, die die Fehlleistungen und das Vergessen veranlassen oder erleichtern, das sahen wir schon. FREUD hält das für selten und er spricht deshalb, um die aktive Tätigkeit des Unbewußten ganz deutlich zu machen, in bestimmten Fällen nicht vom Vergessen, sondern von der *Verdrängung*. Diese Verdrängung als solche kommt sicherlich vor. Bei NIETZSCHE, der so viele moderne psychologische Einsichten vorweggenommen hat, finden Sie den Satz[1]: „Das habe ich getan — sagt mein Gedächtnis, das kann ich nicht getan haben — sagt mein Stolz und bleibt unerbittlich. Endlich — gibt das Gedächtnis nach.“ Wir wollen an eine Sache nicht denken, die uns quält, deren wir uns schämen, die wir aus unserem Bewußtsein, wenn irgend möglich, auslöschen möchten. Wir würden vielleicht auch nicht weiterleben können, wenn wir an alles denken müßten, was zu denken peinlich ist und was uns den Umgang mit uns selber erschwert. So schieben wir solche Gedanken beiseite, schalten sie aus unserem Gedankengang aus. Was aber dann kommt, kennt jeder, das ist uns aus sehr harmlosen Zusammenhängen geläufig. Dinge, an die wir lange nicht gedacht haben — es mögen Vokabeln sein oder Eigennamen oder was sonst —, Erinnerungen, die lange nicht aufgetaucht sind, die haben zunächst wenig Aussicht, ohne unser Zutun doch wieder in unser Bewußtsein zu treten. Das gilt genau so für Gegenstände, die uns bloß gleichgültig, wie für die, die uns unangenehm sind. Die einen würden wir, da wir sie vielleicht doch noch einmal gebrauchen, im Grunde lieber behalten; die anderen

[1] Jenseits von Gut und Böse, II. Hauptstück, 68. (Zitiert nach FREUD, Gesammelte Schriften, 4, 162.)

aber vergessen wir gern. Nur geschieht nicht immer das, was wir möchten; Geschichtszahlen, Namen, eine fremde Sprache, mathematische Formeln, alles das vergessen wir leicht; peinliche Erinnerungen aber werden leider sofort wieder flott, sobald uns ein Mensch oder ein Erlebnis lieblos an sie erinnert. Nicht unser Unbewußtes, sondern wir selbst können sie wissen, sobald wir es wollen, und wir müssen sie wissen, wenn irgend etwas diese Erinnerungen weckt.

Das ist wichtig. Alles, was ich an „FREUDschen Mechanismen" zugebe, spielt sich nach meiner Überzeugung im Bewußtsein ab, in dem einzigen Bewußtsein, das wir besitzen und dem unbewußte seelische Vorgänge nicht gegenüberstehen. Was auf dieser Bühne nicht auftritt, ist unbewußt im eigentlichen Sinne. Es kann bewußt werden, ist aber, solange es nicht bewußt ist, seelisch auch wirklich nicht da.

FREUD lehrt das Gegenteil. Nach ihm bemüht sich selbst im Traum eine eigene Behörde, die *„Zensur"*, eifrig darum, daß verdrängte Gedanken nicht ohne Verhüllung erscheinen. Für die Psychoanalyse beweist der Schlaf, daß der Mensch es in der Welt, in die er ungern gekommen sei, nicht ohne Unterbrechung aushalte und daß er sich deshalb zeitweise in den „warmen, dunklen und reizlosen Zustand der Mutterleibsexistenz" zurückziehen möchte. „Es soll[1] keine seelische Tätigkeit im Schlaf geben. Rührt diese sich doch, so ist uns eben die Herstellung des fötalen Ruhezustandes nicht gelungen. Reste von Seelentätigkeit haben sich nicht ganz vermeiden lassen. Diese Reste, das wäre das Träumen." Wir träumen also — worüber sich übrigens reden läßt — nur, weil etwas (es mag von innen oder von außen kommen) der Seele keine Ruhe läßt. Aber darum brauchte der Traum noch

[1] Vorlesungen zur Einführung in die Psychoanalyse. Gesammelte Schriften 7, 85.

lange keinen Sinn und keine psychologische Bedeutung zu haben; es könnte immer noch so sein, als striche der Wind über die Saiten eines Instruments, auf dem sonst — im Wachen — nur der Bogen zu spielen vermag. Nach FREUD *hat* aber der Traum einen Sinn, nur daß das Bewußtsein diesen Sinn (ohne psychoanalytische Hilfe) nicht erfährt. Auch im Traum erscheinen nur „*Symbole*" für das, was das Unbewußte eigentlich denkt, und für diese Symbole sorgt die „*Zensur*"[1].

Glauben Sie bitte nicht, daß *ich* das Wort erfunden hätte, um die ganze Konstruktion ad absurdum zu führen. FREUD meint wirklich, im Traum würde eine besondere und, wie Sie sehen werden, unter Umständen ziemlich verwickelte Arbeit geleistet, um das Bewußtsein über die wahren Triebe, Gedanken, Gefühle, Wünsche und Absichten des Unbewußten im Dunkeln zu lassen. Wieder darf ich Ihnen einige Beispiele geben. Zunächst zwei, die einfach sind und zeigen, wie das Unbewußte als guter Diplomat seine Gedanken hinter der Sprache verbirgt. Ein Träumer[2] zieht eine ihm bekannte Dame hinter dem Bett hervor. Er selbst findet (im sogenannten

---

[1] „In positiver Darstellung sagen wir nun als Ergebnis der Psychoanalyse aus, daß ein psychischer Akt im allgemeinen zwei Zustandsphasen durchläuft, zwischen welche eine Art Prüfung *(Zensur)* eingeschaltet ist. In der ersten Phase ist er unbewußt und gehört dem System *Ubw* an; wird er bei der Prüfung von der Zensur abgewiesen, so ist ihm der Übergang in die zweite Phase versagt; er heißt dann ‚verdrängt' und muß unbewußt bleiben. Besteht er aber diese Prüfung, so tritt er in die zweite Phase ein und wird dem zweiten System zugehörig, welches wir das System *Bw* nennen wollen. Sein Verhältnis zum Bewußtsein ist aber durch diese Zugehörigkeit noch nicht eindeutig bestimmt. Er ist noch nicht bewußt, wohl aber *bewußtseinsfähig* (nach dem Ausdruck von J. BREUER), d. h. er kann nun ohne besonderen Widerstand beim Zutreffen gewisser Bedingungen Objekt des Bewußtseins werden. Mit Rücksicht auf diese Bewußtseinsfähigkeit heißen wir das System *Bw* auch das ‚*Vorbewußte*'." („Metapsychologie." Gesammelte Schriften 5, 487/488.)

[2] Vorlesungen zur Einführung in die Psychoanalyse. Gesammelte Schriften 7, 119.

Assoziationsexperiment) den Sinn: er gibt dieser Dame den Vorzug. — Ein anderer[1] träumt, sein Bruder stecke in einem Kasten. Als er sagen soll, was er über den Traum denkt, ersetzt er „Kasten" durch „Schrank", und nun ergibt sich die Deutung: der Bruder schränkt sich ein.

Nun das ist harmlos, wenn auch vielleicht verkehrt. Aber nun sollen Sie eine andere Traumdeutung hören, damit Sie nicht meinen, grob sexuelle Dinge kämen nach FREUD in unseren Träumen nicht vor. Den Traum mag Ihnen FREUD mit seinen eigenen Worten[2] erzählen. Die Deutung muß ich leider wesentlich kürzen: „Ich gehe in einer Stadt, die ich nicht kenne, spazieren, sehe Straßen und Plätze, die mir fremd sind. Ich komme dann in ein Haus, wo ich wohne, gehe auf mein Zimmer und finde dort einen Brief der Mama liegen. Sie schreibt: Da ich ohne Wissen der Eltern vom Hause fort bin, wollte sie mir nicht schreiben, daß der Papa erkrankt ist. Jetzt ist er gestorben, und wenn Du willst, kannst Du kommen. Ich gehe nun zum Bahnhofe und frage etwa 100mal: Wo ist der Bahnhof? Ich bekomme immer die Antwort: Fünf Minuten. Ich sehe dann einen dichten Wald vor mir, in den ich hineingehe, und frage dort einen Mann, dem ich begegne. Er sagt mir: Noch 2½ Stunden. Er bietet mir an, mich zu begleiten. Ich lehne ab und gehe allein. Ich sehe den Bahnhof vor mir und kann ihn nicht erreichen. Dabei ist das gewöhnliche Angstgefühl, wenn man im Traume nicht weiter kommt. Dann bin ich zu Hause, dazwischen muß ich gefahren sein, davon weiß ich aber nichts. — Trete in die Portierloge und frage ihn nach unserer Wohnung. Das Dienstmädchen öffnet mir und antwortet: Die Mama und die anderen sind schon auf dem Friedhofe."

---

[1] Vorlesungen zur Einführung in die Psychoanalyse. Gesammelte Schriften 7, 119.

[2] Bruchstück einer Hysterieanalyse. Gesammelte Schriften 8, 96/97.

Bei der Unterhaltung erfährt FREUD, daß die Patientin zu Weihnachten ein Album mit Städte*bildern* geschenkt erhalten, es in einer Schachtel aufbewahrt und diese *Schachtel* vorübergehend vermißt hat. Weiter: die Kranke hatte vor einiger Zeit in Dresden zwei Stunden vor der Sixtinischen Madonna („der jungfräulichen Mutter" fügt FREUD hinzu) verbracht. Schließlich hatte sie am Abend vor dem Traum, um ihrem Vater einen Kognak zu holen, die Mutter fünfmal (nicht hundertmal, bemerkt FREUD) nach einem *Schlüssel* gefragt. FREUD schließt: Für den Bahnhof im Traum wird man Schachtel einsetzen dürfen. Weiter: Wo ist der Schlüssel? scheint mir das männliche Gegenstück zur Frage: Wo ist die Schachtel? . . . Es sind also Fragen — nach den Genitalien. Daß im Traum der Vater stirbt, ergibt den dritten Schluß: der Traum enthält eine Rachephantasie gegen den Vater[1]. „Die mitleidigen Gedanken vom Tage vorher" (nämlich dem Vater gegenüber, der am Abend nicht wohl war) „würden gut dazu stimmen." Nun hat aber die Patientin unglücklicherweise vor kurzem in der Sezession auch noch ein Gemälde mit einem dichten Walde gesehen, in dessen Hintergrunde sich Nymphen befanden. Jetzt ist alles klar. Dies sei das dritte Bild (Städtebilder, Madonna), bemerkt FREUD: „Durch das, was man an dem Bilde sieht, wird es zum *Weibsbild*" (Wald, Nymphen). „Jetzt wurde ein Verdacht bei mir zur Gewißheit: *Bahnhof* (in einer Anmerkung dazu heißt es, der „Bahnhof" dient übrigens dem „Verkehr") und *Friedhof*, an Stelle von weiblichen Genitalien, war auffällig genug, hatte aber meine geschärfte Aufmerksamkeit auf das ähnlich gebildete ‚Vorhof' gelenkt, einen anatomischen Terminus für eine bestimmte Region der weiblichen Genitalien. Aber das konnte ein witziger Irrtum sein. Nun, da die ‚Nymphen' dazu kamen, die man im Hintergrunde des ‚dichten Waldes' sieht,

[1] Den Grund dazu lasse ich fort und verweise auf das Original.

war ein Zweifel nicht mehr gestattet. Das war symbolische Sexualgeographie! Nymphen nennt man, wie dem Arzte, aber nicht dem Laien bekannt, wie übrigens auch ersterem nicht sehr gebräuchlich, die kleinen Labien im Hintergrunde des ‚dichten Waldes' von Schamhaaren."

Nun, hier scheinen Sexualität und „Genitalität" doch ziemlich dasselbe zu sein. Aber die Analyse ist damit noch nicht beendet gewesen. Die Kranke hatte vorübergehend aus hysterischer Ursache gehinkt — nach FREUD, weil sie gern „einen Fehltritt" getan hätte; sie hatte eine Blinddarmentzündung vorgetäuscht, die, so sagt FREUD, für sie den Ersatz für eine Entbindung darstellen sollte; die „Blinddarmentzündung" war neun Monate nach einem von ihr zurückgewiesenen sexuellen Angriff eingetreten — also hatte sie gewünscht, sie hätte den Angriff nicht zurückgewiesen, wäre durch den Angreifer in die Hoffnung gekommen usw.

Zum Schluß noch ein Traum, dessen Deutung harmloser, aber beinahe ebenso umständlich und für FREUDs Denkweise ebenso typisch ist: Eine junge, aber schon seit Jahren verheiratete Dame[1] träumt, sie sitzt mit ihrem Mann im Theater. Eine Seite des Parketts ist ganz unbesetzt. Ihr Mann erzählt ihr, Elise L. und ihr Bräutigam hätten auch gehen wollen, hätten aber nur schlechte Sitze bekommen, drei für 1 Gulden und 50 Kreuzer, und die konnten sie ja nicht nehmen. Sie meint, es wäre auch kein Unglück gewesen. Bei der Untersuchung ergibt sich, daß sich Elise L., die drei Monate jünger ist als die junge Frau, jetzt verlobt hat, weiter, daß die Patientin wirklich mit ihrem Mann eine Woche vorher ins Theater gegangen ist und dort eine Seite des Parketts beinahe leer gefunden hat. Ihr Mann hatte sie, da sie eine Vorverkaufsgebühr bezahlt hatte, damit geneckt. Schließlich aber hatte eine Schwägerin

[1] Vorlesungen zur Einführung in die Psychoanalyse. Gesammelte Schriften 7, 120.

der Dame in den letzten Tagen von ihrem Mann 150 Gulden geschenkt bekommen und sich dafür gleich ein Schmuckstück gekauft.

Aus alledem schließt FREUD: Die Kranke hat (ähnlich wie ihre Schwägerin) voreilig gehandelt, nicht weil sie sich zu früh Theaterbilletts besorgt, sondern weil sie ihren Mann geheiratet hat. Hätte sie wie ihre Freundin noch sechs Jahre gewartet, so hätte sie einen besseren bekommen. Die Freundin, die nur drei Monate jünger ist — deshalb bietet man ihr im Traum drei Karten an, obwohl sie doch nur zwei gebraucht —, hat einen Verlobten, der hundertmal wertvoller ist als der eigene Mann; denn 150 Gulden sind hundertmal mehr als 1 Gulden und 50.

Sie sehen, die Traumarbeit hat es nicht leicht[1]. Wir glauben, uns des Nachts auszuruhen, und unser Unbewußtes stellt inzwischen Erwägungen, Berechnungen, Betrachtungen an, mit denen sich keineswegs alle Menschen sehr oft am Tage belasten. Freilich, es ist nicht immer so. Viele von den Symbolen, die die verdrängten und von der „Zensur" selbst im Traum nicht zugelassenen Gedanken im Bewußtsein vertreten sollen, haben einen ziemlich festen Kurs, eine leidlich beständige Währung; das Unbewußte arbeitet mit ihnen wie wir mit der Mark oder dem Schilling. Wasser bedeutet die Geburt, das Abreisen das Sterben, Kleider und Uniformen die Nacktheit, der Verlust der Zähne, aber ebenso die Erblindung und Blendung die Kastration, der Hut des Mannes aber, Schirme, Stöcke, Stangen, Bäume, Messer, Dolche, Lanzen, Säbel, Gewehre, Pistolen, Wasserhähne, Gießkannen, Spring-

---

[1] Vgl. FREUD: Traumdeutung, Gesammelte Schriften 2, 445: „Es ist wirklich nicht leicht, sich von dem Reichtum an unbewußten, nach Ausdruck ringenden Gedanken in unserem Denken eine Vorstellung zu machen und an die Geschicklichkeit der Traumarbeit zu glauben, durch ‚mehrdeutige' Ausdrucksweise jedesmal gleichsam sieben Fliegen mit einem Schlage zu treffen wie der Schneider im Märchen."

brunnen, Hängelampen, Bleistifte, Federstiele, Nagelfeilen, Hämmer, Flugmaschinen, Zeppeline, Reptilien, Fische und Schlangen vertreten einen bestimmten Teil des männlichen Körpers. Der entsprechende weibliche Teil wird durch Schächte, Gruben, Höhlen, Gefäße, Flaschen, Schachteln, Dosen, Koffer, Büchsen, Kisten, Taschen, Schränke, Zimmer, Türen, Tore, Holz, Papier, Tische, Bücher, Schnecken, Muscheln, Kirchen, Kapellen, durch Schmuck und manches andere, die weiblichen Brüste werden durch Äpfel und Pfirsiche angedeutet. Mit dem Träumen von Süßigkeiten jedoch und vom Klavierspiel, aber auch vom Gleiten, Fliegen, Tanzen, Reiten und Steigen, vom Überfahrenwerden oder von einem Kaminkehrer wird die Vereinigung beider Geschlechter gemeint.

Das gilt zunächst für das Träumen. Die Symbolik selbst aber spielt — sogar beim Säugling — auch im Wachen eine gewaltige Rolle. Lesen Sie die Sätze[1]: „Die Analytiker sind längst darüber einig, daß den vielfachen Triebregungen, die man als Analerotik zusammenfaßt, eine außerordentliche, gar nicht zu überschätzende Bedeutung für den Aufbau des Sexuallebens und der seelischen Tätigkeit überhaupt zukommt. Ebenso, daß eine der wichtigsten Äußerungen der umgebildeten Erotik aus dieser Quelle in der Behandlung des Geldes vorliegt, welcher wertvolle Stoff im Laufe des Lebens das psychische Interesse an sich gezogen hat, das ursprünglich dem Kot, dem Produkt der Analzone, gebührte. Wir haben uns gewöhnt, das Interesse am Gelde, soweit es libidinöser und nicht rationeller Natur ist, auf Exkrementallust zurückzuführen." — Oder[2]: „Er verwendet dabei den Darminhalt wie jedes andere Kind in einer seiner ersten und ursprünglichsten Bedeutungen. Der Kot ist das erste *Geschenk*,

---

[1] Gesammelte Schriften 8, 513/14. [2] l. c. S. 523.

das erste Zärtlichkeitsopfer des Kindes, ein Teil des eigenen Leibes, dessen man sich entäußert, aber auch nur zugunsten einer geliebten Person." — Und endlich[1]: „Indem die Kotsäule die erogene Darmschleimhaut reizt, spielt sie die Rolle eines aktiven Organs für dieselbe, benimmt sie sich wie der Penis gegen die Vaginalschleimhaut und wird gleichsam zum Vorläufer desselben in der Epoche der Kloake. Das Hergeben des Kotes zugunsten (aus Liebe zu) einer anderen Person wird seinerseits zum Vorbild der Kastration, es ist der erste Fall des Verzichts auf ein Stück des eigenen Körpers, um die Gunst eines geliebten Anderen zu gewinnen."

Sie fragen: *Wie wird das alles bewiesen?* Höbe die Psychoanalyse sich nicht selbst auf, wenn sie uns überzeugen könnte, daß ihre Methode zulässig sei? Wenn alles, was Menschen denken, sagen, schreiben und tun, in Wirklichkeit Symbol für ganz etwas anderes ist oder sein kann, woran soll sich unser Geist dann noch halten, und wie ist dann noch Wissenschaft möglich? Oder — um den Gedanken auf die Psychoanalyse anzuwenden — warum sind Freuds „Einsichten", seine Gedanken, Behauptungen und Lehren ganz allein im vollen Gegensatz zu *allen anderen* Gedanken, Behauptungen und Lehren nicht auch bloß Symbol?

„Man kann alles behaupten", sagt Goethe, „wenn man sich erlaubt, die Worte ganz unbestimmt bald im weiteren, bald engeren, in einem näher und ferner verwandten Sinn zu gebrauchen und anzuwenden." Nun Freud macht von dieser Erlaubnis jeden, aber auch jeden Gebrauch. Das Unbewußte ist an der einen Stelle das, was auch das „Ich" weiß, aber nicht sagen will[2], an einer anderen ist es der unerforschte biologische Untergrund alles seelischen Geschehens[3]

[1] l. c. S. 526.
[2] Vgl. die zum „Vorschwein" gekommenen literarischen Erzeugnisse.
[3] Vgl. die wesentlich biologische Stütze der Libidotheorie.

und an einer dritten eine Unterseele[1], die zwar hinterhältig, dafür aber sehr zielbewußt denkt. Da kein vernünftiger Mensch den ersten und den zweiten Fall in Abrede stellt, so nehmen viele auch den dritten unbesehen mit in den Kauf. Auf den kommt es aber ausschließlich an. Daß es latente Erinnerungen gibt, sagte ich schon, und kein Sextaner kann an ihrem Vorhandensein zweifeln. Aber FREUD braucht die Sache nur ein wenig anders auszudrücken, und schon gibt es ein „Ich" und ein „Es". Nun müßte das „Es", das Unbewußte, wenn es auch die latenten Erinnerungen bewahrt, darum noch lange nicht über sie nachdenken und sie in Symbole verkleiden — aber auch das hat durchaus nicht jeder gemerkt. Und so geht es weiter. Sexus, Libido, Trieb, Eros, Narzißmus bedeuten heute viel und morgen fast nichts, und haben wir gerade begriffen, daß nach FREUD zum „Sexualleben" jede Betätigung zärtlicher Gefühle gehört, auch wenn das ursprüngliche sexuelle Ziel gegen ein anderes, nicht mehr sexuelles vertauscht worden ist[2], oder anders ausgedrückt, daß die Psychoanalyse die „Genitalität" wirklich nicht überschätzt — ja dann tritt uns an einer scheinbar harmlosen Stelle plötzlich wieder der Phallus entgegen. So kann man wirklich „alles behaupten".

Aber die Psychoanalyse kommt damit noch nicht einmal aus. Sie hat dazu noch eine Art Plus-Minus-Rechnung erfunden. Wenn ein Mensch dem Analytiker sagt, daß er dies und das gemeint habe oder gemeint haben könne, so ist natürlich alles vollkommen klar. Leugnet er aber oder kann er sich auf etwas nicht mehr besinnen, ja *dann* ist die Sache *erst recht* so. Das Unbewußte leistet dann *Widerstand*, so wie es sich bei uns Gegnern gegen die Anerkennung der psychoanalytischen

[1] Vgl. die Traumanalyse, die Analyse von Kranken usw.

[2] Über „wilde" Psychoanalyse. Gesammelte Schriften 6, 39.

„Feststellungen“ sträubt, obwohl oder vielleicht gerade weil es weiß, daß diese Behauptungen stimmen[1].

Aber auch die Symbole treten bald mit dem positiven, bald mit dem negativen Vorzeichen auf. Sie hörten schon, hat einer Mitleid mit seinem Vater, so empfindet er in Wirklichkeit Haß, und wer seine Knöchel bedeckt, möchte sie lieber entblößen. Träumt ein junger Mann von einer schönen jungen Frau, gut — es kann aber auch ein häßlicher alter Mann sein, dadurch wird gar nichts geändert. Ja sogar „heuchlerische Ödipusträume“ kommen vor, in denen sich feindselige Regungen und Todeswünsche durch manifeste Zärtlichkeit ersetzen[2]. Oder FREUD schreibt von sich selbst[3]: „Nach einundvierzigjähriger ärztlicher Tätigkeit sagt mir meine Selbsterkenntnis, ich sei eigentlich kein richtiger Arzt gewesen . . . Aus früheren Jahren ist mir nichts von einem Bedürfnis, leidenden Menschen zu helfen, bekannt, meine sadistische Veranlagung war nicht sehr groß; so brauchte sich dieser ihrer Abkömmlinge nicht zu entwickeln.“ NOTHNAGEL hat einmal gemeint, nur ein guter Mensch könne ein guter Arzt sein. Falsch! Wer das, wie uns scheint, tiefe und ursprüngliche menschliche Bedürfnis empfindet, leidenden Menschen zu helfen, ist in Wahrheit ein verkappter Sadist.

Dann gibt es noch eine Rückversicherung mit der Mythologie. Uralte Volkssitten, selbst solche, von denen wir herzlich wenig wissen, religiöse Gebräuche, Mythen, Sagen, Märchen werden von der Psychoanalyse verwertet, nur weil sie von diesem oder jenem Kranken her gewisse Symbole

---

[1] Der Humor von der Sache ist, daß sich diese Waffe in neuerer Zeit gegen FREUD selbst und die Psychoanalyse als solche gewendet hat. Vgl. die Zitate aus MAYLAN auf S. 8 und HANS KUNZ auf S. 55 dieser Schrift.

[2] Ergänzungen zur Traumdeutung, Gesammelte Schriften 3, 28.

[3] Gesammelte Schriften 11, 388.

zu kennen vermeint, die sie nun in diesen Zusammenhang überträgt. Umgekehrt aber wird auch das Verhalten des Lebenden zuweilen damit erklärt, daß irgendein mythologischer Vorgang angeblich etwas Sexuelles bedeutet. „Ich meine", schreibt FREUD[1], „von diesem Beispiel her fällt auch ein Licht auf Sinn und Ursprung der Mutterleibs- wie der Wiedergeburtsphantasie. Die erstere ist häufig so wie in unserem Falle aus der Bindung an den Vater hervorgegangen. Man wünscht sich in den Leib der Mutter, um sich ihr beim Koitus zu substituieren, ihre Stelle beim Vater einzunehmen. Die Wiedergeburtsphantasie ist wahrscheinlich regelmäßig eine Milderung, sozusagen ein Euphemismus für die Phantasie des inzestuösen Verkehrs mit der Mutter ... Man wünscht sich in die Situation zurück, in der man sich in den Genitalien der Mutter befand, wobei sich der Mann mit seinem Penis identifiziert, durch ihn vertreten läßt. Dann enthüllen sich die beiden Phantasien als Gegenstücke, die je nach der männlichen oder weiblichen Einstellung des Betreffenden dem Wunsch nach dem Sexualverkehr mit dem Vater oder der Mutter Ausdruck geben."

Oder nehmen Sie die Erklärung der *Prometheussage,* die FREUD zwar mit allem Vorbehalt gibt, die er aber doch nur geben kann, weil er über alles auf eine ganz bestimmte und nicht gewöhnliche Art denkt: „Psychoanalytisches Material, unvollständig, nicht sicher deutbar, läßt doch wenigstens eine — phantastisch klingende — Vermutung über den Ursprung dieser menschlichen Großtat zu. Als wäre der Urmensch gewohnt gewesen, wenn er dem Feuer begegnete, eine infantile Lust an ihm zu befriedigen, indem er es durch seinen Harnstrahl auslöschte. An der ursprünglichen phallischen Auffassung der züngelnden, sich in die Höhe reckenden

[1] Aus der Geschichte einer infantilen Neurose. Gesammelte Schriften 8, 546.

Flamme kann nach vorhandenen Sagen kein Zweifel sein. Das Feuerlöschen durch Urinieren — auf das noch die späten Riesenkinder Gulliver in Liliput und Rabelais' Gargantua zurückgreifen — war also wie ein sexueller Akt mit einem Mann, ein Genuß der männlichen Potenz im homosexuellen Wettkampf. Wer zuerst auf diese Lust verzichtete, das Feuer verschonte, konnte es mit sich forttragen und in seinen Dienst zwingen. Dadurch, daß er das Feuer seiner eigenen sexuellen Erregung dämpfte, hatte er die Naturkraft des Feuers gezähmt. Diese große kulturelle Eroberung wäre also der Lohn für einen Triebverzicht. Und weiter, als hätte man das Weib zur Hüterin des auf dem häuslichen Herd gefangen gehaltenen Feuers bestellt, weil ihr anatomischer Bau es ihr verbietet, einer solchen Lustversuchung nachzugeben. Es ist auch bemerkenswert, wie regelmäßig die analytischen Erfahrungen den Zusammenhang von Ehrgeiz, Feuer und Harnerotik bezeugen[1]." — Irrational? RIEGER[2] drückt es deutsch aus: „Ich habe alles dieses von jeher für schrecklichen Unsinn gehalten."

Bekannter als diese mythologischen Deutungsversuche ist der *Ödipus-Komplex,* von dem Sie alle schon etwas gehört haben werden. HOCHE hat kürzlich über ihn geschrieben[3]: „Es ist eine merkwürdige Sache hiermit. Ich habe mich ehrlich bemüht, in langen Jahren jemanden zu finden, der seine Mutter begehrte und den Wunsch hatte, seinen Vater totzuschlagen. Es ist mir nicht gelungen. Anderen erfahreneren Kollegen geht es nicht anders. Der Ödipuskomplex fährt in der Literatur herum wie der fliegende Holländer auf den Meeren: jeder spricht von ihm, einige glauben an ihn, aber niemand hat ihn gesehen." Nun, ich kenne eine einzige

---

[1] Das Unbehagen in der Kultur, Anmerkung S. 47/48.

[2] Die Medizin der Gegenwart in Selbstdarstellungen. 8, 49 (1929).

[3] Zbl. Neur. 55, 206 (1930).

Äußerung in der Literatur, die deshalb unverdächtig ist, weil sie lange vor FREUD niedergeschrieben worden ist. Sie stammt von STENDHAL[1], und ich darf sie vielleicht wörtlich wiedergeben: „Ich war in meine Mutter verliebt. Ich setze schleunigst hinzu, daß ich sieben Jahre alt war, als ich sie verlor ... Ich wollte meine Mutter immer küssen und wünschte, daß es keine Kleider gäbe. Sie liebte mich leidenschaftlich und schloß mich oft in ihre Arme, ich küßte sie mit so viel Feuer wieder, daß ich fast gezwungen war, davonzugehen. Ich verabscheute meinen Vater, wenn er dazukam und unsere Küsse unterbrach. Ich wollte sie ihr immer auf die Brust geben." — Danach wird man zugeben müssen, daß eine sinnliche Liebe eines Kindes zu seiner Mutter vorkommt. Daß sie häufig ist, bestreite ich. Es wäre doch merkwürdig, wenn man unter all den psychopathischen Kindern — von den gesunden zu schweigen — fast niemals einen „Ödipus" zu sehen bekäme, obwohl gleich Scharen von ihnen herumlaufen sollen. Aber der Ödipuskomplex wird ja mit dem Bericht STENDHALS auch noch gar nicht erschöpft. Es handelt sich nicht etwa darum, daß junge Mädchen zumeist mehr Zuneigung zu ihrem Vater als zu ihrer Mutter empfinden, und daß heranwachsende Buben und Männer es gewöhnlich umgekehrt machen — eine Beobachtung, die gewiß niemand bestreitet; FREUD begnügt sich nicht einmal mit der Behauptung, daß *alle* Buben ihre Mutter mit sinnlicher Inbrunst lieben und den Vater als Nebenbuhler und Störenfried verabscheuen sollen; sondern diese Buben[2] sollen zugleich häufig fürchten, der Vater wolle sie zur Strafe und aus Rache kastrieren, und diese Angst soll sich in ihren Träumen in die Angst vor Blendung oder Erblindung verkleiden. *Das* ist der Ödipuskomplex.

---

[1] Das Leben eines Sonderlings, S. 93/94. Leipzig: Insel-Verlag 1921.

[2] Vgl. z. B. Aus der Geschichte einer infantilen Neurose. Gesammelte Schriften 8, 529.

Ich weiß nicht, wie FREUD dazu kommt, nicht bloß in den Träumen der Nervösen, sondern in der Ödipussage selbst die Blendung durch die Kastration zu ersetzen. Ich weiß nur, daß er es tut, und zwar mit derselben Sicherheit, mit der der Chemiker behauptet, daß das Wasser aus Wasserstoff und Sauerstoff zusammengesetzt ist. Ich verstehe aus diesen und aus vielen anderen Gründen gut, daß die Psychoanalyse im Unbewußten infantile, primitive, urmenschliche Regungen wiedererkennen will, ein Schluß, der sich übrigens auch dann aufrechterhalten läßt, wenn man dem Unbewußten die ihm von FREUD zugeschriebenen psychischen Eigenschaften nimmt und in ihm einfach den geheimnisvollen Quell so vieler seelischer und besonders aller Triebregungen sieht. Aber ich verstehe auch, daß ein Mensch, der sich einmal in die Symbollehre verstrickt hat, bestimmten Symbolen und ihren Deutungen überall und immer wieder begegnen muß. Ich darf wieder HOCHE zitieren[1]: „Das Verfahren der Psychoanalytiker, die in ihren Fällen das entdecken, was das Dogma hineinprojiziert, erinnert an die Väter, die mit erfreuter Miene vor ihren Kindern die Ostereier finden, die sie selber versteckt haben." ALLERS gebraucht ein anderes Bild[2]: „Wenn jemand zu mir kommt und sagt: in dieser oder jener Substanz habe ich Chlor gefunden, und er erklärt auf meine Frage nach der Methode: ich habe die Substanz in verdünnter Salzsäure aufgelöst — dann kann er nicht erwarten, daß ich seinen Befund mit seiner Methode nachprüfe; denn Chlor muß er ja finden, wenn er Salzsäure zusetzt. Natürlich schließt das nicht aus, daß in dem Stoff doch Chlor enthalten sei." Daß der ganze Ödipuskomplex Unsinn ist, schließt natürlich auch nicht aus, daß STENDHAL seine Mutter auf seine Weise geküßt hat. Aber der Ödipuskomplex wird auch nicht damit

---

[1] l. c. [2] Über Psychoanalyse, S. 16. Berlin: Karger 1922.

bewiesen, daß es irgendwo eine Stelle wie die von STENDHAL zitierte in der Weltliteratur gibt.

Ich möchte mich hier gegen einen oft, und zuweilen wohl mit Recht, erhobenen Vorwurf verwahren. *Was ich an der Psychoanalyse bekämpfe, ist nicht die Überschätzung der Sexualität.* Dem berühmten Chemiker LIEBIG wird das Wort zugeschrieben: „Für die Chemie gibt es keinen Dreck.“ Das Wort gilt in übertragenem Sinne für die Wissenschaft überhaupt. Darum, daß jemand die Schlüsse der psychoanalytischen Schule für unerfreulich hält [1], könnten sie immer noch wahr sein. Wären sie aber wahr, so hätte die Wissenschaft sie anzuerkennen. Das wäre auch gar nicht so arg. Die Sexualität ist von allen menschlichen Eigenschaften noch lange nicht die schlimmste, und wenn ihre Rolle in unserem Leben noch größer sein sollte, als sie unzweifelhaft ist — die letzten zwölf Jahre haben wohl auch dem Harmlosesten die Augen darüber geöffnet —, dann würden wir uns damit nicht nur abfinden müssen, sondern auch abfinden können.

Was ich an der Psychoanalyse bekämpfe, ist die Methode, ist ihre Gepflogenheit, Dinge zu behaupten, die niemand widerlegen kann, nicht, weil sie wahr sind, sondern weil niemals ein Beweis auch nur versucht worden ist, ist ihr Anspruch, fernliegende und unwahrscheinliche Erklärungen als Tatsachen hinstellen zu dürfen, und ist ihre Verachtung selbst der einfachsten Regeln der Logik und der Erkenntniskritik. Bitte widerlegen Sie mich, wenn ich behaupten wollte, die Elektronen, die um einen Atomkern kreisen, flüsterten ihm inzwischen zotige Bemerkungen zu. „Wir fanden“,

---

[1] Der Widerwille gegen die Beschäftigung mit geschlechtlichen Dingen ist übrigens auch FREUD nicht erspart geblieben. In der „Traumdeutung“ (Gesammelte Schriften, 2, 401) sagt er von sich selbst: „Ich war müde, . . . sehnte mich weg von diesem Wühlen im menschlichen Schmutze . . .“

schreibt ALLERS[1], „daß die psychoanalytische Theorie nicht aus dem von ihr als solches bezeichneten empirischen Ausgangsmaterial herzuleiten ist; daß vielmehr solche Herleitung nur unter der Voraussetzung der Theorie gelingen kann". SCHILDER[2], einer der eifrigsten Anhänger FREUDS, hat darauf geantwortet: „Man kann Tatsachen und Ergebnisse nicht auf logischem Wege widerlegen. Die Schullogik ist Tatsachen gegenüber unzulänglich. . . . Nun ist die Schullogik aber nicht die Logik selbst. Die neuere Logik hat ihren wertvollsten Antrieb dadurch erhalten, daß sie von den Formeln zum Schauen, zur intuitiven Einsicht in Wesenheiten zurückgekehrt ist; mit dieser Logik verträgt sich aber die Psychoanalyse."

Nun, da *hätten* wir also die *zwei Arten Logik.* Aber ich möchte vorher noch sagen, daß ich Tatsachen, wie gesagt, niemals bestreite. Wenn man jedoch unter Ergebnissen nicht Tatsachen, sondern die aus diesen Tatsachen gezogenen Schlüsse versteht, so wird man ohne Erkenntniskritik und ohne Logik, und zwar ohne die alte Logik auch in Zukunft nicht auskommen können. Sonst weiß ich nicht, wie überhaupt noch wissenschaftliche Auseinandersetzungen und damit Wissenschaft selber möglich sein sollen. Freilich, SCHILDER will die „alte" Logik, die für KANT immerhin gut genug war, durch eine „neue" Logik ersetzen. Aber mir scheint, er wird bei HUSSERL, auf dessen Phänomenologie[3] seine

[1] Über Psychoanalyse. Abh. Neur. usw., herausg. v. BONHOEFFER, H. 16, S. 39. Berlin: Karger 1922.

[2] Wie ALLERS, vgl. Anm. 1. Abh. Neur. usw., S. 47.

[3] Ich möchte hier einem Mißverständnis entgegentreten, das mir peinlich ist. Ich habe wiederholt gesagt, daß HUSSERLS *Phänomenologie* die Psychologie und die Psychiatrie als solche nichts anginge. Das ist gelegentlich (vgl. z. B. KRONFELD: Perspektiven der Seelenheilkunde, S. 42. Leipzig: Thieme 1930) so aufgefaßt worden, als hätte ich gegen die von JASPERS in die *Psychiatrie* eingeführte *Phänomenologie* auftreten wollen. Das ist nicht richtig. Ich habe im Jahre 1922 in der Klinischen

Bemerkung offensichtlich gemünzt ist, nicht allzuviel Glück mit ihr haben. HUSSERL hat wiederholt erklärt, daß die

---

Wochenschrift (Psychologie und Psychiatrie 1, H. 5, S. 201) geschrieben: „Daß gerade HUSSERL der Naturwissenschaft dringend empfiehlt, ‚die Grenzen der dogmatischen Forschung gegenüber von kritizistischen Fragestellungen abzuschließen' und sich durch ‚erkenntnistheoretische Vorurteile, über deren Recht oder Unrecht die Philosophie zu entscheiden habe', im Gang ihrer Forschungen nicht hemmen zu lassen, wird dabei ebenso übersehen wie HUSSERLs mehrfach abgegebene Erklärung, ‚daß die reine Phänomenologie nicht Psychologie ist'; ‚daß nicht zufällige Gebietsabgrenzungen und Terminologien, sondern *prinzipielle* Gründe es ausschließen, daß sie der Psychologie zugerechnet werde; daß endlich die Psychologie eine Erfahrungswissenschaft, eine Wissenschaft von Tatsachen, von Realitäten, daß dagegen die Phänomenologie eine Wissenschaft ist, die ausschließlich ‚Wesenserkenntnisse' feststellen wolle ‚und *durchaus keine Tatsachen*'.

Wenn man also heute in der Psychologie und Psychiatrie von phänomenologischer Forschung spricht, so kann das zwei ganz verschiedene Dinge bedeuten: entweder eine philosophische Fundierung der Psychologie, die, an sich wohl notwendig und erwünscht, von der psychologischen und psychiatrischen *Tatsachenforschung* gerade nach HUSSERL *nicht abgewartet* zu werden braucht, oder aber etwas, was mit HUSSERLs ‚Phänomenologie' wirklich nur den Namen gemein hat: das für uns heute wieder selbstverständliche Bestreben nämlich, zunächst *zu erfahren, was ist*, was sich im Bewußtsein von Gesunden und Kranken denn eigentlich abspielt.

Das ist zunächst reine Tatsachenforschung. Daß die so zutage geförderten Tatsachen dann sofort begrifflich und systematisch geordnet werden müssen, das versteht sich grundsätzlich ja wohl für jede Wissenschaft von selbst; daß es in der Psychiatrie darin recht oft gehapert, und daß uns in dieser Hinsicht namentlich JASPERS durch die philosophische Schulung, die er in die Behandlung psychiatrischer Fragen hineintrug, ganz wesentlich gefördert hat, das werde gerade ich als letzter bestreiten."

Das war 1922. Da ich nun überdies schon im Jahre 1909 (GAUPPS Zbl. Nervenkrkh. 32, Neue Folge, 20) — also vor JASPERS — in einem programmatischen Aufsatz die Forderung erhoben habe, man müsse bei allen funktionellen Krankheiten die Krankheitssymptome zu „verstehen" und „nachzuempfinden" versuchen (S. 397), und da ich seither in meinen klinischen Arbeiten nicht viel anderes getan habe, als dieses Programm durchzuführen, so ist der Vorwurf, ich lehnte für die Psychiatrie auch die JASPERSsche Phänomenologie ab, wirklich recht wenig gerecht.

Inzwischen haben nun freilich SCHELER und die ihm nahestehenden

Phänomenologie überhaupt keine Tatsachen, sondern das *Wesen der Dinge* hinter den Tatsachen feststellen will. Von einer Plus-Minus-Rechnung, einer Rückversicherung, einem Hexeneinmaleins, auf die doch die ganze Symbolik hinausläuft, ist in phänomenologischen Schriften meines Wissens niemals die Rede. Wenn SCHILDER also eine andere „Erkenntnisart“ gebraucht — das Wort „Logik“ ist im Zusammenhange des zitierten Satzes ja wohl in jedem Falle verfehlt —, so sollte er sich lieber auf die Anthroposophen berufen[1]. Eine Forschung, habe ich schon vor Jahren geschrieben, die dem Menschen das Sonnen- und das Mondhafte in sich vermittelt, die ihn zum Beispiel erkennen läßt, daß die Zähne Stoffe aufnehmen, um uns in einem bekömmlichen Zustand von Dummheit zu erhalten, und daß wir unsere Zähne krank werden lassen, bloß um unser Gehirn vor diesen Stoffen und uns vor der gottgewollten Dummheit zu schüt-

Autoren auch im psychiatrischen Lager (vgl. KURT SCHNEIDER: Philos. Anz. 1, 382 [1926]) eine Art Brücke zwischen der Phänomenologie von HUSSERL und der von JASPERS geschlagen. Wie tragfähig eine solche Brücke sein kann, wage ich nicht zu entscheiden. Daß ich selbst mich lieber an den psychologischen Pfeiler halte, hängt mit meiner eigenen Forschungsrichtung zusammen. Über den philosophischen Pfeiler aber ist es vielleicht interessant, einen Philosophen von Rang sprechen zu lassen. RICHARD HOENIGSWALD schreibt in seinen Grundlagen der Denkpsychologie, 2. Aufl., S. 393, Leipzig: B. G. Teubner 1925: Die Phänomenologie „darf ihrem Begriff zufolge nicht kritisieren, sondern muß nur ‚schauen‘; sie darf nicht reflektieren und analysieren, sondern will ‚originär Gegebenes‘ beschreiben. Wo daher Phänomenologie sich von positiver Wissenschaft und von Psychologie mit aller nur denkbaren Energie abzugrenzen, wo sie ihr Verhältnis zu Logik und Mathematik prinzipiell zu klären sucht, da opfert sie ihre Grundsätze, d. h. sie opfert sie schon, indem sie sich zu ihnen bekennt“.

[1] C. G. JUNG, der FREUD lange nahegestanden hat und es also wissen muß, schreibt (Einführung zu „Die Psychoanalyse“ von W. M. KRANEFELD, Sammlung Goeschen, Leipzig 1930): „FREUDS Dogmatismus steht dem religiösen Überzeugungscharakter der Christian science und der Anthroposophie im Grunde genommen recht nahe.“

zen[1] — eine solche Forschung braucht freilich für nichts einen Beweis. Wenn sich mit ihr die Psychoanalyse verträgt — gut, aber eine Wissenschaft ist sie dann nicht.

Nicht nur diesen Absatz, sondern die ganze Ausarbeitung meines Königsberger Vortrages hatte ich bereits beendet, als ich von außen Anlaß bekam, hier eine Auseinandersetzung einzuschalten, die Ursprung und Ziel dieser Schrift meines Erachtens noch um einiges deutlicher machen kann.

---

[1] Wegen dieses Satzes bin ich brieflich (offenbar von einem Anhänger der anthroposophischen Lehre) angegriffen und aufgefordert worden, meine Quelle zu nennen. Diese Quelle ist ein Vortrag „Über die Zahnkaries mit Beziehung auf die Ergebnisse der Geistesforschung Dr. Rudolf Steiners", den O. RÖMER bei den von Dr. RUDOLF STEINER veranstalteten Hochschulkursen am 6. April 1921 im Goetheanum zu Dornach bei Basel gehalten hat (herausgegeben vom Bund für Anthroposophische Hochschularbeit in der Schriftenreihe „Wissenschaft und Zukunft". Stuttgart: Der Kommende Tag A. G. 1921). In diesem Vortrag bezieht sich RÖMER ausdrücklich auf die Imagination, Inspiration und Intuition von RUDOLF STEINER, der die Ursachen der Zahnkaries, die die exakte Naturforschung nicht hätte aufklären können, aufgeklärt habe. Auf S. 8 dieser RÖMERschen Schrift heißt es wörtlich:

„Der Mensch braucht aber noch aus einem zweiten Grunde kleine Quantitäten von Fluor. Und wozu? Hier gibt der Geistesforscher eine Antwort, die zunächst schockierend wirken kann, nämlich die, daß der Mensch, wenn er die bestimmten Fluormengen nicht hat, dann zu gescheit wird. Er bekommt eine Gescheitheit, die ihn fast vernichtet. Der Mensch wird durch die Fluorwirkung gewissermaßen auf das richtige Maß von Intelligenz, wie wir sie im Leben schon einmal brauchen, damit wir Menschen sind, herabgestimmt. Wir brauchen Fluor in kleinen Quantitäten als fortwährendes Mittel gegen das Allzugescheitwerden, und frühes Schadhaftwerden der Zähne, wie es durch die Karies hervorgerufen wird, deutet darauf hin, daß sich der Mensch gegen eine zu starke Beeinträchtigung seiner Intelligenz, gegen ein zu starkes Dummwerden gewissermaßen unbewußt wehrt. Also der Mensch bekommt kariöse Zähne, damit die Fluorwirkung vermindert wird, damit die zu starke Fluorwirkung ihn nicht zu dumm macht."

Danach besteht wohl kein Zweifel, daß die ganze Auffassung von den Beziehungen zwischen Fluor, Zähnen und Intelligenz ursprünglich auf RUDOLF STEINER zurückgeht. In jedem Falle ist diese Auffassung von einem überzeugten Anthroposophen im Goetheanum zu Dornach vertreten worden.

Der eine Anlaß ist ein Brief[1], der sich auf die Erwähnung der Anthroposophen (in der kurzen Veröffentlichung meines Königsberger Vortrages[2]) bezieht. Zu diesem Brief möchte ich, auch an dieser Stelle, das Folgende sagen: Ich habe im Laufe der Jahre so viele geistig hochstehende und ethisch wertvolle Menschen kennen gelernt, die sich zu den anthroposophischen Lehren bekennen, und ich habe zugleich so viel Gutes gesehen, das Anthroposophen ihren Glaubensgenossen und anderen Menschen getan haben, daß ich für die *anthroposophische Weltanschauung* die größte Hochachtung hege. Wogegen ich mich wehre, ist lediglich, daß, wie es heute immer wieder und auf den verschiedensten Fronten geschieht, Weltanschauung, Religion, Kunst und Literatur[3] mit der

---

[1] Vgl. Anmerkung 1 zu S. 53. [2] Naturwiss. 18, 985—994 (1930).

[3] Vgl. HÖNIGSWALD: Die Skepsis in Philosophie und Wissenschaft. Wege zur Philosophie, H. 7, S. 18. Göttingen: Vandenhoeck & Ruprecht 1914: „Es gibt keinen *wissenschaftlichen* Zweifel, der sich sinnvoll und erfolgreich etwa gegen *Religion, Sittlichkeit* oder *Kunst* zu wenden vermöchte. Gewiß, auch in diesen Fällen handelt es sich stets um *Geltungswerte*; aber um Geltungswerte von einer den wissenschaftlichen gegenüber durchaus eigentümlichen Art und Struktur. Nun spricht man ja freilich auch von religiöser und von künstlerischer Wahrheit. Allein, je schärfer man diese Wahrheitsbegriffe analysiert, um so deutlicher erscheint ihr Abstand von dem spezifisch wissenschaftlichen Wahrheitsbegriff. Religiöse und ästhetische Wahrheiten, die natürlich voneinander selbst wieder auf das schärfste unterschieden werden müssen, sind, so kann man kurz sagen, ihren Begriffen nach betrachtet, Wahrheiten, deren Norm eine andere ist wie die der Wissenschaft. Gerade deshalb aber liefert auch die wissenschaftliche Wahrheit weder für die Wahrheiten der Religion noch für diejenigen der Kunst irgendeine, positive oder negative, Instanz. Sie gilt diesen Wahrheiten als solchen gegenüber nichts, weil sie den besonderen Bedingungen, die sich in ihnen verwirklichen, nicht genügen kann und natürlich auch nicht zu genügen braucht. Religiöser Glaube und künstlerisches Schaffen sowohl als auch künstlerisches Genießen bezeichnen als *ihre* Wahrheiten Normen, die wohl hinsichtlich gewisser formaler Elemente mit der wissenschaftlichen Wahrheit übereinstimmen, ihr aber hinsichtlich anderer und entscheidender doch auch als durchaus selbständige Potenzen gegenüberstehen.“

Wissenschaft durcheinandergeworfen und daß aus weltanschaulichen Auffassungen pseudowissenschaftliche „Erkenntnisse“ abgeleitet werden. Diesen Kampf halte ich für so notwendig und wichtig, daß ich, trotz mancher menschlicher Hemmungen, auch das oben gegebene Zitat aus einer anthroposophischen Schrift bringen muß, wenn ich klarstellen will, um was es hier geht.

Insofern besitzt aber der Inhalt des erwähnten, im Interesse der Anthroposophie geschriebenen Briefes für mich auch Beziehungen zu einer Arbeit, in der nicht von der Anthroposophie, sondern nur von Psychoanalyse und Wissenschaft die Rede ist. Das ist die Schrift von HANS KUNZ[1]: „Die existenzielle Bedeutung der Psychoanalyse in ihrer Konsequenz für deren Kritik.“ Diese Arbeit kommt mir zur Zeit nicht nur darum gelegen, weil sie den von mir (der Psychoanalyse gegenüber) vertretenen Standpunkt als den für mich und meinesgleichen allein angemessenen ausdrücklich bestätigt, sondern noch mehr deshalb, weil sie in erfreulicher Klarheit — übrigens auch in einem sehr verständlichen Deutsch — allen denen Wege und Ziel weist, die diesen Standpunkt als veraltet aufgeben wollen.

Ich gebe, um die Absichten dieser Veröffentlichung möglichst deutlich zu machen, einige ausführliche Zitate, bemerke aber, daß man am besten natürlich die ganze Arbeit von Anfang bis zu Ende studiert.

„Die hauptsächlich vor etwa 10 Jahren üblichen Widerlegungen der Psychoanalyse, derart, daß in ihrem Deutungsverfahren Diallelen, logische und erkenntniskritische Schwächen u. ä. aufgezeigt wurden, waren an sich zweifellos richtig und treffend. Daran ändert die Tatsache — die wir heute besser durchschauen —, daß die gegnerischen Argumente wesentlich im Dienste affektiver und weltanschaulicher Abwehr-

[1] Nervenarzt 3, 657. 15. XI. 1930.

tendenzen standen, nicht das geringste: sie bleiben nach wie vor sachlich richtig. ... Daß aber nun trotz der sachlichen Richtigkeit jener logischen und erkenntniskritischen Argumente diese dennoch eigentlich ins Leere trafen, hatte seinen Grund nicht in ihrem rationalistischen, d. h. die affektiv-unsachlichen Widerstände verdeckenden Charakter, sondern darin: weil sie das eigentliche psychoanalytische Deutungsverfahren — das die Analytiker selbst mißverstanden und theoretisch inadäquat auslegten — überhaupt nicht berührten. Und so ist es noch heute: BERNFELD, HARTMANN, SCHILDER u. a., die die psychoanalytische Interpretation für eine „naturwissenschaftliche" ausgeben, mißverstehen und verfälschen nicht nur ihr eigenes Tun, sie sind überdies jenen auf die traditionelle Logik und Erkenntnistheorie sich stützenden Einwänden machtlos preisgegeben. Sie vermögen sie schlechterdings nicht zu entkräften, denn die Psychoanalyse ist auf dem Boden der überkommenen naturwissenschaftlichen (und „geisteswissenschaftlichen") Erkenntniskritik ein haltloses Unternehmen; ihre Deutungen bewegen sich formallogisch in einem Zirkel — und zwar unausweichlich. Wie nun, wenn in der psychoanalytischen Auslegungsweise eine im Hinblick auf die traditionellen Wissenschaften überhaupt neue Erkenntnisart durchgebrochen wäre, die von dem, was man die natur- und geisteswissenschaftlichen Aspekte nennt, allererst befreit werden müßte, um in ihrer Eigenständigkeit erfaßt werden zu können? So ergäbe sich die reichlich paradoxe Situation: um eine Wissenschaft entbrennt eine auf traditionellem Boden sich austragende Diskussion, in welcher die gegnerischen Argumente als solche richtig sind und die von den Verteidigern angeführten Gegengründe fehlschlagen, der eigentliche Gehalt der Sache aber trotzdem prinzipiell gegen das Gegner und Anhänger gemeinsame Mißverstehen zu Recht besteht. Würde damit die ganze Angelegenheit nicht in ein neues Licht rücken?

Geschehen ist faktisch in den damaligen Diskussionen folgendes: die psychoanalytische Deutung wurde, von der traditionellen Methodologie und Erkenntnistheorie her gesehen, als haltlos erwiesen. Das Erweisen selbst war verdeckender Ausdruck einer weltanschaulichen Abwehrtendenz. Die Anhänger der Psychoanalyse andererseits — zwar gelegentlich bemüht, die vorgebrachten Einwände auf deren eigenem Boden, nämlich formallogisch und im Sinne der naturwissenschaftlichen Erkenntnistheorie zu widerlegen, was jedoch unweigerlich fehlschlug und fehlschlagen mußte (auch noch im letzten, auf hohem Niveau durchgeführten Versuch HARTMANNS*) — greifen lediglich auf die weltanschaulich-affektiven Widerstände zurück, wohl irgendwie von der dunkeln Ahnung getrieben, daß ihre Wissenschaft auf dem überkommenen Grunde doch brüchig sei. Sie bedienen sich des Widerstandsargumentes sachlich insofern zu Unrecht, als sie darin allein die Richtigkeit ihrer Lehre bestätigt sehen; dagegen erhebt sich der gegnerische Vorwurf des „psychologistischen", unsachlichen Argumentierens mit Recht. Trotzdem enthält das Widerstandsargument nicht nur in dem Sinne, daß damit eben eine faktische affektive Abwehr im Gegner getroffen wird, die sich rational auswirkt, eine Berechtigung — sein eigentlicher Gehalt liegt in der Tatsache: daß damit eine methodisch neue Art psychologischen Erkennens durchgebrochen ist, die freilich bereits bei* NIETZSCHE *wirksam war. Die Gegner sahen aber darin nichts als „Psychologismus" — von der Tradition aus mit Recht. Die Analytiker bedienten sich seiner weniger zum Erweis der Wahrheit ihrer Lehren — das war bloß der Vordergrund — als vielmehr zur Durchsetzung ihres Machtbedürfnisses, das bis heute eine dunkle Rolle in ihrem Tun spielt."*

Weiter: „*Die überkommene, herrschende Wissenschaftslogik und Erkenntniskritik drängt die Analytiker nach wie vor in die Situation, die psychoanalytischen Befunde mit den von jener bereitgestellten Denk- und Begriffsmitteln zu fassen. Das ständige Mißlingen dieses Unternehmens — dessen prinzipielle Unausweichlichkeit die Analytiker eben auf Grund der traditionellen Befangenheit nicht einzusehen vermögen — wirkt für sie um so peinlicher, als an der gleichen Stelle auch die gegnerischen, ebenfalls auf überkommenem Boden stehenden Argumente einhaken. Da nun aber die Analytiker die Wahrheit der Analyse in einer Weise erfahren haben, die an Mächtigkeit und Überzeugungskraft die übliche Evidenz der logisch formulierten Einsichten weit überragt — denn die existenzielle, in der personalen Kommunikation erfahrene Wahrheit wirkt mit einer alles übertreffenden Mächtigkeit —, so können sie sie gegen die unvergleichlich geringere formallogische Evidenz schwerlich preisgeben. Weil sich die existenzielle, in der analytischen Situation erlebte Wahrheit einerseits formallogisch und im Sinne der traditionellen Erkenntnistheorie nicht adäquat fassen und explizieren läßt, die Analytiker andererseits aber trotzdem unter dem von den Gegnern noch verstärkten Zwang der herrschenden Denkweise stehen, die ein angemessenes Verständnis des Geschehens unterbindet, so werden sie durch die Übermächtigkeit der existenziell erfahrenen Wahrheit dazu getrieben, wenigstens die Tradition — die sie selber gefangen hält — soweit irgendwie unwirksam zu machen, als sie ihnen bei den Gegnern entgegentritt. Denn deren Einwürfe nicht sachlich, vielmehr als Widerstandssymptome zu nehmen, impliziert doch wohl auch — wenn auch nicht nur — eine faktische Negation der Gültigkeit der traditionellen Kriterien. Dies freilich dürfen sich die Schüler* FREUDs *nicht eingestehen, denn derweise müßten sie sich den eigenen Boden — auf dem sie zwar nur ihrer expliziten Meinung nach, nicht aber faktisch stehen — weggraben ...“*

Die Analytiker „vermögen nicht ausdrücklich und im bewußten Zugriff das Faktum zu ertragen, das sich in jeder

Analyse vollzieht: die Auflockerung der ganzen menschlichen Existenz ...".

„So muß, wenn anders der eigentliche Zug des psychoanalytischen Geschehens angeeignet werden soll, der die Deutungen begrenzende Horizont durchbrochen und dem Geschehnis der Weg zum Ausschwingen freigelegt werden. Es ist nicht zu erwarten, daß diese im Hinblick auf die Psychoanalyse dringlichste Aufgabe von seiten der Analytiker vollzogen wird: ihnen ermangelt die notwendige Freiheit, zu sich selber und zur Lehre Distanz zu gewinnen, die allererst den Durchbruch der Fragwürdigkeit in der angemessenen Ausdrücklichkeit ermöglicht ..."

„Jetzt aber, nachdem sich die prinzipielle Brüchigkeit und Haltlosigkeit der traditionellen Auslegungen des menschlichen Seins in mannigfacher Weise — und nicht bloß in der Psychoanalyse — offenbart hat, jetzt ist mit dem Grunde auch die darin wurzelnde Logik und Erkenntnistheorie zerschlagen, wenigstens sofern es sich um das Erkennen des Menschen handelt. Die Kritik der Psychoanalyse hat sich diesem unausweichlichen Prozeß — für den das Werk FREUDS *lediglich Anzeichen und Teilausdruck ist — zu fügen, wenn anders sie die Redlichkeit und den Mut besitzt, die eigene Situation zu erhellen und durchsichtig zu machen. Deshalb kann sie sich keineswegs mehr auf den jetzt leeren und formalen Nachweis der logisch-erkenntnistheoretischen Unhaltbarkeit der psychoanalytischen Interpretation beschränken — diese Unhaltbarkeit ist in dem Augenblick zur Selbstverständlichkeit geworden, als die Selbstauffassung der Analyse als naturwissenschaftliche Psychologie in ihrer Unrichtigkeit durchschaut wurde — sondern sie hat am positiven Aufbau einer von Grund aus neuen, wirklich und primär anthropologisch-psychologischen Erkenntnistheorie mitzuarbeiten, innerhalb derer das psychoanalytische Deutungsverfahren eine Art des Erkennens ausmacht."*

„Und so hieße es denn zu Tauben reden, wollte man von den ‚Schulanalytikern' verlangen: sie möchten in den Auseinandersetzungen mit den Gegnern deren Widerstände nicht als Mittel zur Durchsetzung ihrer Dogmatik oder gar zum ‚Beweis' ihrer Richtigkeit verwenden — kurz gesagt: in machtpolitische Tendenzen abgleiten —, sondern darin das Widersetzen gegen das radikale Bodenlosmachen erblicken, dem sich Analytiker und Analysand in gleicher Weise zu exponieren haben. Erst dann wird der analytische Prozeß zum würdigen Kampf um die Existenz des Menschen, zum restlosen Sichaufschließen und Verhalten, zu einem ungewissen Schweben über dem Nichts — d. h. zu einer Art, menschliches Schicksal zu erfüllen und sich der Erfüllung zugleich bewußt zu versichern."

„Die ständig erneute Wiederholung — auch sie kann zum leeren, beredeten Betriebe werden — des in der Psychoanalyse sich vollziehenden Geschehens als einer Weise, die Zweideutigkeit und Ungeborgenheit menschlichen Existierens freizulegen — obzwar beschränkt auf einen bestimmten Horizont und diesen wiederum durchbrechend —, bildet auch die niemals zu entbehrende Voraussetzung einer angemessenen, positiven Kritik der FREUDschen g e g e n s t ä n d l i c h e n Erkenntnisse. Sie muß grundsätzlich und unausweichlich ihr Ziel verfehlen, wenn sie sich dabei an die FREUDschen Begriffe und Konstruktionen hält. Denn diese sind den S a c h v e r h a l t e n, die FREUD w i r k l i c h g e s e h e n u n d e n t d e c k t hat, fast durchwegs inadäquat, ja oft verfälschen sie sie geradezu. Diese Unangemessenheit der mechanistischen und rationalistischen (d. h. die Phänomene rational umdeutenden) Begriffsbildung stellt offensichtlich die logische und erkenntnistheoretische Auswirkung jenes fundamentalen Selbstmißverständnisses dar, dem FREUD als Erbe des „naturwissenschaftlichen Zeitalters" erlag."

Nun, worum es hier grundsätzlich geht, ist, glaube ich, vollkommen klar: es geht um das, was wir bisher Wissenschaft nannten. Es geht um die Frage, ob Wissenschaft in dem bisherigen Sinne möglich ist oder ob Faust recht hat, „daß wir nichts wissen können". Die Antwort ist Sache der Philosophie. Ich selbst will nicht fragen, wieso eine neue, „primär anthropologisch-psychologische Erkenntnistheorie", über die KUNZ freilich nicht mehr sagt, als daß sie erst geschaffen werden soll, wieso diese „neue Art psychologischen Erkennens" nur „vom Standpunkt der Tradition" und nicht vielmehr von *jedem* Standpunkt aus als „*Psychologismus*" aufgefaßt werden muß; ich will nicht prüfen, ob es in der Wissenschaft wirklich mehrere Arten Wahrheit geben kann, und wie sich die von den Analytikern „erfahrene" „Wahrheit", die „an Mächtigkeit und Überzeugungskraft die übliche Evidenz der logisch formulierten Einsichten" „weit überragt", wie sich diese „existenzielle, in der personalen Kommunikation erfahrene Wahrheit" von der „Wahrheit" der Wahnideen unterscheidet; ja, ich mag nicht einmal das untersuchen, warum, wenn Anhänger und Gegner der Psychoanalyse nicht wissen, was sie tun, und wenn sogar FREUD die Lehren von FREUD nicht richtig versteht, warum man dann bei diesem Suchen nach den (eigentlichen) affektiven Hintergründen jeder (vermeintlichen) wissenschaftlichen Überzeugung gerade vor der Arbeit von KUNZ halt machen soll. Nein, ich scheide hier wirklich vollkommen aus. Hat KUNZ recht, haben sich die „überkommene, herrschende Wissenschaftslogik und Erkenntniskritik" als unzulänglich erwiesen, so ist das, was ich bisher für Wissenschaft hielt, überhaupt nicht mehr da, und damit ist natürlich auch meine bescheidene Rolle in der Forschung zu Ende.

Ich darf hier an meine früheren Bemerkungen über Wissenschaft, Weltanschauung (S. 4) und Romantik (S. 10) anknüpfen und noch einmal sagen: niemand kann die Grenzen aller menschlichen Erkenntnis[1] stärker empfinden als ich und niemand kann sich zugleich weniger darüber täuschen, daß diese unsere Unzulänglichkeit in ihrer Wirkung noch durch die Affekte verschärft wird, die das Urteil häufig sogar bei gelehrten Untersuchungen trüben; niemand kann aber auch fester überzeugt sein, daß die Wissenschaft unmöglich *alle* Wünsche unserer Seele befriedigen und *alle* Fragen unseres Geistes beantworten kann; es versteht sich also für mich vollkommen von selbst, daß sich der Mensch aus dem Gefühl dieser Fragwürdigkeit seines irdischen Seins heraus, angesichts der Unsicherheit seiner äußeren, seiner intellektuellen und seiner gemütlichen Existenz überall und immer wieder irgendeine Art von Weltanschauung aufbauen wird. Aber Weltanschauung ist nicht Wissenschaft. Die Wissenschaft jedoch — es mag eine Hypothese sein, daß wir etwas „wissen können", *ohne* diese Hypothese kommt bestimmt keine Wissenschaft aus. Man mag *glauben*, einem anderen — höheren — Geist würden alle Dinge anders[2] erscheinen als uns; man

---

[1] Vgl. den Satz, mit dem KANT die erste Ausgabe seiner Kritik der reinen Vernunft, (herausg. v. KEHRBACH, 2. Aufl., S. 3. Leipzig: Reclam 1781) eingeleitet hat: „Die menschliche Vernunft hat das besondere Schicksal in einer Gattung ihrer Erkenntnisse: daß sie durch Fragen belästigt wird, die sie nicht abweisen kann; denn sie sind ihr durch die Natur der Vernunft selbst aufgegeben, die sie aber auch nicht beantworten kann, denn sie übersteigen alles Vermögen der menschlichen Vernunft."

[2] Nach KUNZ würden ja sogar die Grundsätze der Identität und des Widerspruchs nicht mehr gelten; Gegner und Anhänger der Psychoanalyse haben gleichzeitig recht und gleichzeitig unrecht auch da, wo sich ihre Behauptungen nicht nur widersprechen, sondern geradezu aufheben. Gerade mit dieser Frage hat sich R. HÖNIGSWALD (Die Skepsis in Philosophie und Wissenschaft, S. 79ff.) schon 1914 kritisch auseinandergesetzt. Hier wird vollkommen überzeugend bewiesen, daß man den Gedanken, die Grundsätze der Identität und des Widerspruchs könnten, weil sie ausschließlich „Produkte unserer Organisation" seien, für die „anders organisierten Bewohner" eines anderen Planeten etwa nicht gelten, daß man diesen Gedanken nur konsequent zu Ende zu denken braucht, damit er sich als durchaus haltlos erweist. Ich muß auf diese Kritik, die ich nicht

mag in diesem Glauben unsere ganze Existenz als ein „ungewisses Schweben über dem Nichts" erleben — erleben heißt noch nicht erkennen, und wer erkennen will, kann es nur mit den Mitteln *unseres* Verstandes. Noch niemand außer Münchhausen hat sich am eigenen Schopf aus dem Sumpfe gezogen.

Was aber mich angeht, so ist es klar: meine Arbeit hat nur für den einen Sinn, dem Logik und Erkenntniskritik auch heute noch die Grundlagen jeder Forschung bedeuten; die andern — nun die andern haben diesen Aufsatz ja schon lange nicht mehr weitergelesen.

Kehren wir also zur Erde zurück. Um was handelt es sich? „Es gibt ein Empfinden, Wahrnehmen, Denken, affektives Fühlen, Reagieren und Handeln, das unbewußt[1] ist", so hat BLEULER[2] das Problem formuliert. Nun eignen sich die Endglieder dieser Reihe, die das Empfinden und Wahrnehmen sowie das Reagieren und Handeln betreffen, m. E. zur Erörterung der Grundfrage wenig[3]. Wahrnehmungen, in die nicht ein Denken mit einginge, gibt es bekanntlich nicht; es ist also in diesem Zusammenhange sicher besser, sich gleich an das Denken zu halten. Daß jedoch Außenreize auf das nervöse Zentralorgan in einer auch nach außen

---

kürzer geben kann, als es HÖNIGSWALD tut, im Original verweisen und zitiere nur den einen Satz: „Läßt man die Annahme jener von Identität und Widerspruch abweichenden Norm ein Produkt ‚unserer Organisation' sein, so hat man damit die grundsätzliche *Trennung* zwischen den Prinzipien von Identität und Widerspruch einerseits, dem Begriff der ‚Organisation' andererseits bereits vollzogen. In demselben Augenblick aber ist die Voraussetzung aufgehoben, auf der die Lehre von der Unmöglichkeit solcher Trennung beruht."

[1] Daß BLEULER an eine absolute Bewußtlosigkeit psychischer Vorgänge beim Menschen doch nicht glaubt, hat er kurz darauf an derselben Stelle gesagt (Z. Neur. 64, 123).

[2] Z. Neur. 53, 82 (1920).

[3] Vgl. BUMKE: Über unbewußtes psychisches Geschehen. Z. Neur. 56, 144 (1920).

sichtbaren Form wirken können, ohne daß ein bewußtes Glied in der Kausalkette auftritt, beweisen die Reflexe; daß oft geübte Bewegungen unbewußt ablaufen können, die automatischen Handlungen. Für die Mehrzahl dieser Beobachtungen würde es, wenn sie nicht durch andere ergänzt werden müßten, einfach eine *Frage der Definition* sein, ob man bloß von zerebralen oder zugleich auch von psychischen Vorgängen sprechen will. Für die Gefühle aber liegen die Dinge aus anderen Gründen schwierig. Sie setzen der exakten Analyse *immer*, auch da, wo ihr Vorhandensein im Bewußtsein *nicht* zweifelhaft ist, so große Widerstände entgegen, daß es kaum möglich sein wird, von einem Gefühl, das *auf* das Bewußtsein wirkt, zu behaupten, daß es *im* Bewußtsein nicht erlebt worden wäre.

So liegt der Schwerpunkt der Frage darin, ob man das *Unbewußte rationalisieren*, d. h. ob man ihm ein Denken, einen *Verstand* zuschreiben darf. Daß der Mensch sehr häufig *später* nicht weiß, was er *früher* gedacht hat, ist ebenso unbestritten, wie, daß er noch häufiger nicht feststellen kann, weshalb bei ihm gerade diese und nicht andere Gedanken aus dem Unbewußten aufgetaucht sind. *Kann ein Mensch nun aber auch denken, ohne es* — während des Denkens — *zu wissen, kann er ohne Bewußtsein Schlüsse ziehen und Überlegungen anstellen?*

Von allen Schwierigkeiten der Definition des Psychischen, zu denen diese Annahme Anlaß geben könnte, sehe ich grundsätzlich ab. Sie könnten immer nur zu einer anderen Fassung der Lehre, nicht aber zu ihrer Ablehnung führen. Ich frage einfach, ob sich in unserem Bewußtsein und in unserem Verhalten wirklich gelegentlich Inhalte und Wirkungen finden, die mit Notwendigkeit auf ein Nachdenken schließen lassen und die doch durch ein *bewußtes* Denken nicht zustande gekommen sind?

Sicher ist es ein großes Verdienst von FREUD, immer wieder auf die Tatsachen hingewiesen zu haben, die zu dieser Annahme zu drängen scheinen. Es *sieht* zweifellos sehr oft *so aus, als ob* ein Mensch über etwas nachgedacht hätte, während er selbst mit Bestimmtheit behauptet oder gar mit voller Überzeugung glaubt, *nicht* darüber oder daran gedacht zu haben.

Die *Voraussetzung* gebe ich also zu; was ich bestreite, ist der *Schluß*: also hat der Mensch (genauer: sein Bewußtsein) wirklich nicht gedacht. Wir vergessen das meiste, was wir erleben, und Dinge, an die wir nicht gern denken, noch schneller als andere. Aber die Gefühle bleiben gerade dann häufig zurück und wirken auf das Bewußtsein. Weiter: aus den geheimnisvollen Quellen unserer Körperlichkeit werden in uns dauernd Triebregungen und Wünsche wach, die sich logisch nicht begründen lassen, mit denen sich unser ethisches Wollen aber mehr oder weniger erfolgreich herumschlagen muß. Alles das spielt sich im Bewußtsein ab, wird jedoch häufig sprachlich nicht formuliert, so daß nur wenige Menschen über diese Seite ihrer inneren Erlebnisse auch nur annähernd Auskunft zu geben vermögen. Deshalb kann BLEULER sagen: „Der Laie kennt das Unbewußte so gut wie viele Ärzte." Der Laie nennt eben unbewußt, was im Bewußtsein nicht vom Worte getragen wird, und sein Unterbewußtsein fällt im wesentlichen mit dem zusammen, was ich als *Gefühlspsychologie* bezeichne.

Ich glaube, daß ich diese Behauptungen, obwohl ich es schon an anderen Stellen[1] getan habe, auch hier noch etwas näher ausführen muß. Am wichtigsten scheint mir die Tatsache zu sein — die FREUD meines Wissens niemals berücksichtigt hat —, daß auch *intellektuelle* Vorgänge nicht selten

---

[1] Vgl. Das Unterbewußtsein, 2. Aufl. Berlin: Julius Springer 1926.

ohne sprachliche Fassung in unser Bewußtsein treten, d. h. daß nicht bloß Gefühle, sondern auch Gedanken[1] jedes sinnlichen Anteils entbehren können. Allein diese Tatsache ist meines Erachtens geeignet, die Kritik der Lehre vom Unbewußten in ganz neue Bahnen zu lenken. Gleichviel bei wem und unter welchen Umständen es sonst vorkommen mag, gerade dieses unanschauliche Denken wird von vielen Menschen benutzt, um vor sich selber Verstecken zu spielen. Sie möchten peinliche oder häßliche Dinge, die sich ihnen aufdrängen, nicht denken, und wenn es ihnen auch nicht gelingt, sie ganz abzulehnen, so vermeiden sie doch wenigstens die Klarheit, die das (auch nur gedachte) Wort jedem Denken verleiht. Hat dann aber der Gedanke Folgen für das Handeln, so reden sie sich ein, was nicht formuliert war, hätten sie bewußt überhaupt nicht erlebt — jetzt haben sie es natürlich leicht, Gefühl und Handlung, die zu dem Gedanken gehören, dem „Unbewußten" in die Schuhe zu schieben.

Aber auch, daß es *Stufen der Bewußtheit* gibt — FREUD spricht dann von dem *Vorbewußten*, das sich in seiner „psychischen Topik" zwischen Bewußtem und Unbewußtem befindet —, daß nicht alle Erlebnisse den gleichen Grad von Deutlichkeit erreichen, daß man also das alte Bild von dem Blickpunkt und dem Blickfelde des Bewußtseins wird beibehalten müssen, auch das gebe ich zu. Auch ich kenne wie Sie alle Wahrnehmungen, Vorstellungen, Gedanken und Absichten — denken Sie, Sie hören eine Symphonie oder einen Vortrag oder Sie verrichten eine körperliche oder geistige Arbeit —, die nicht bloß von Gefühlen, sondern auch von verschwommenen (anderen) Wahrnehmungen, von unklaren Nebenvorstellungen, von kurz auftauchenden Einfällen und Wünschen umkreist und durchschnitten werden; auch ich

[1] Daß sich gerade deshalb Gedanken und Gefühle nicht scharf voneinander trennen lassen, habe ich oft betont.

habe erlebt, wie sich ein Gedanke allmählich formt, aus einem mehr nebelhaften Ahnen langsam klarer wird und erst dabei auch eine sprachliche Fassung bekommt; ja, ich weiß, zuweilen taucht er sogar in den Nebel zurück, zuweilen sieht es so aus, als stünde eine Erinnerung, ein Name zum Beispiel, schon an der Schwelle unseres Bewußtseins — jetzt habe ich es gleich, sagen wir dann oder: ich habe den Namen schon auf der Zunge —, und dann kehrt sie wieder um, wir bekommen sie nicht zu Gesicht. HERBART hat also recht: die Deutlichkeit eines Gedankens vermag selbst bis zum Nullpunkt zu sinken. Nur daß Gedanken unterhalb dieses Nullpunktes fortleben, daß sie hier — im Unbewußten — als Gedanken weitergesponnen werden, das ist nicht wahr, oder das hat jedenfalls noch niemand bewiesen.

Die Gefahr ist immer dieselbe: daß man das wirklich Unbewußte mit dem Unbewußten im Sinne der Psychoanalyse verwechselt. Denken Sie an folgendes. Wir bekommen eine Nachricht, die uns unruhig, oder einen Brief, der uns ärgerlich macht. Dann müssen wir arbeiten, wir haben zu tun. Die Gereiztheit, die Unruhe bleibt, aber an den Brief denken wir nicht. Bloß wenn wir unsere Arbeit unterbrechen und uns prüfen, was uns denn eigentlich quält, dann sind der Brief und die Nachricht sofort wieder da. Was ist geschehen? Der Gedanke ist wie viele andere vorübergehend ins Unbewußte versunken; die Verstimmung aber ist durch körperliche Vorgänge — am Herzen und am Gefäßsystem z. B. — festgehalten und verankert gewesen. Bekanntlich gibt es nur zwei Wege, mit einem solchen Zustand fertig zu werden. In schweren Fällen wird man sich mit dem peinlichen Erlebnis irgendwie abfinden müssen; wir werden es aus der Welt schaffen, wieder gutmachen, uns aussprechen oder meinetwegen auch rächen. Man muß also *viel* an die Sache denken, damit man innerlich und, wo es nottut, auch nach außen mit ihr abschließen kann. *Kleine* Affekte aber drängen wir mit den zu ihnen gehörenden Gedanken beiseite; wir denken *nicht* an die Sache, und wenn sie längere Zeit nicht in uns auftaucht, dann kommt auch der Körper zur Ruhe. Es ist ein großes Stück Lebenskunst, das eine und das andere zu können und beide Fälle voneinander zu scheiden.

Sie sehen, die Struktur der menschlichen Seele ist nicht so einfach und durchsichtig, daß man bei jedem Widerspruch gleich von Lüge und Verstellung, von böser Absicht und schuldhaftem Nichtwollen, sie ist aber auch nicht so undurchdringlich, daß man bei jeder Unklarheit gleich von einem unbewußten seelischen Geschehen sprechen dürfte. Gibt es denn sehr viele Menschen, die sich über alle Strebungen ihrer Seele volle Rechenschaft ablegen, die sich, um es trivial auszudrücken, über ihre wahren Gründe und Absichten gar nichts mehr vormachen möchten? Man braucht nur an das Kapitel des Aberglaubens oder an das der erotischen Beziehungen zu erinnern, um das zu belegen. Aber auch von Luftschlössern, Wachträumen und allen möglichen geheimen Wünschen spricht nur selten ein Mensch, ja in den meisten Stunden des Tages denken wir nicht einmal daran, und gerade deshalb können wir diese Dinge so leicht auch den andern verschweigen. Der Humor von der Sache ist nur, daß wir bei den andern mit all diesen Unterströmungen ziemlich gesetzmäßig rechnen, daß wir bei ihnen Eitelkeit, Ehrgeiz und Eigennutz, Feigheit, Bosheit, Liebe und Haß, Eifersucht, Neid und Mißgunst, Empfindlichkeit, innere Unsicherheit und latente Gereiztheit, menstruelle und andere Verstimmungen, schlechte Nächte oder ein körperliches Übelbefinden nicht nur hinter gelegentlichen Äußerungen und Handlungen, sondern sogar hinter Einstellungen und (scheinbaren) Gesinnungen vermuten, obwohl der andere dies alles nach außen wie nach innen mit schönen und edeln oder jedenfalls doch mit anderen Gründen verbrämt. Von den anderen wissen wir das; nur den Balken im eigenen Auge sehen wir nicht. Daß auch wir dieselbe Sache mit dem Verstand ablehnen und mit dem Gefühl doch glauben, denselben Menschen aus eingestandenen Gründen bewundern und aus nicht eingestandenen hassen, dasselbe Ereignis mit dem einen Teil unseres Ichs fürchten, mit dem andern herbeisehnen können, *das* zuzugeben, nur das ist selten und schwer. Aber IBSENS Lebenslügen, FONTANES Hilfskonstruktionen, das Daimonion des SOKRATES und unsere „Stimme des Gewissens", ja das alte *γνῶθι σεαυτὸν*, sie alle haben schließlich nur diesen Sinn.

Mit der Verlegung des Problems ins Unbewußte aber wird gar nichts erreicht. Gerade wer das Unbewußte zu rationalisieren versucht, wird doch weiter fragen müssen, wie nun alle die Widersprüche, die sich im bewußten Seelenleben scheinbar nicht lösen lassen, hier zustandekommen und gelöst werden, und wieder wird er — wenn er ehrlich ist — dabei enden, daß die Rationalisierung Unsinn ist, und daß bei vielen menschlichen Überzeugungen und Entschlüssen in letzter Linie nicht logische Erwägungen, sondern unberechenbare Schwankungen der Gefühle den Ausschlag geben. So kommt ja FREUD zu dem Schluß, das Unbewußte sei amoralisch. Nach meiner Auffassung verdient das Bewußtsein diese Ehrenrettung nicht. „Das Dichten des menschlichen Herzens ist böse von Jugend auf", heißt es nach der Sündflut, und die Menschen vor und nach Moses haben das wohl auch immer gewußt; die Widersprüche, die sich zum mindesten bei jeder einigermaßen komplizierten Persönlichkeit auch in moralischer Hinsicht finden, liegen nicht außerhalb, sondern *innerhalb* unseres Bewußtseins. Nur pflegen wir bestimmte Seiten in dem Buch unseres Innern sehr ungern nachzulesen, und es gehört viel Selbsterkenntnis dazu, um einzusehen, daß sie doch geschrieben sind.

Aber es ist vielleicht kein Zufall, wenn gerade ein Nervenarzt auf den Gedanken gekommen ist, der Mensch könne „etwas wissen, ohne zu wissen, daß er es weiß". Vielleicht hat FREUD eine Beobachtung in die Irre geführt, die wir beinahe in jeder Sprechstunde machen. Ein Kranker kommt und klagt über seinen Schlaf, seinen Magen, sein Herz; er meint, er hätte sich überanstrengt, erkältet, ein ererbtes Leiden sei im Anzug — kurz, er erklärt seine Krankheit, wie der Laie beinahe jede Krankheit erklärt. Wir aber finden einen lebhaften Puls und sonst körperlich nichts. Früher hat man dann Herzneurose gesagt und irgendwelche Mittel verordnet. Damit geben sich heute weder Kranke noch Ärzte zufrieden, und sehr gute Ärzte haben es wohl auch früher schon anders gemacht. Sie haben gemerkt, daß bei diesem Patienten *seelisch* etwas nicht stimmt, und haben mit ihm nun auch darüber gesprochen — über Schwierigkeiten im Geschäft oder im Amt, über Vorwürfe um dies oder das, über Sorgen um ein nicht geratenes Kind oder über eine Ehe, die so nicht mehr geht. Wissen die Leute das alles nicht? Natürlich wissen sie es; sobald man sie fragt, erzählen sie gern und ausführlich davon. Aber etwas anderes wissen sie nicht: daß nämlich Schlaf, Herz und Magen durch seelische Nöte gestört werden können — oder richtiger gesagt, es *war* einmal so; heute kommen sie mit einer Tabes und meinen, an den lanzinierenden Schmerzen seien „Komplexe" und „Verdrängungen" schuld.

Ich komme zum Schluß: *Ein Unterbewußtsein, ein unbewußtes psychisches Geschehen hat die Psychoanalyse nirgends und niemals bewiesen. Das Unbewußte im Sinne der Psychoanalyse ist einfach das, was wir von uns nicht wissen möchten und — leider — nur allzu gut wissen.* Daß es aber ein *Un-*

bewußtes überhaupt gibt, daß bewußte Vorgänge immer wieder ins Nichts versinken, und daß nicht bloß die „Instinkte“ beim Tier, sondern auch alle menschlichen Triebe, Wünsche und Entschlüsse ebenso wie alle geistigen Leistungen — nicht bloß die höchsten — aus diesem Unbewußten geboren werden, ja das bezweifelt kein Mensch. Wir Naturforscher und Ärzte sind gewohnt, bei diesem Unbewußten, das schließlich doch nur ein Ungewußtes und von uns nicht Verstandenes ist, an irgendwelche Gehirnzustände zu denken. Aber darauf kommt es nicht einmal an. Auch wer die seelischen Zusammenhänge aus dem Wirken einer von körperlichen Vorgängen nicht abhängigen Seele erklärt, wird dem Unbewußten Eigenschaften des bewußten Seelenlebens solange nicht zusprechen dürfen, als er diese Eigenschaften nicht nachweisen kann.

Da dieser Nachweis noch keinem Forscher gelungen ist, kann man verstehen, weshalb Psychologen und Psychiater sich von jeher lieber an die *Gehirn*zustände gehalten haben, die dem Nicht-Bewußten, also den latenten Erinnerungen entsprechen. Das Unglück ist nur, daß wir auch von diesen Zuständen nicht allzu viel wissen. Sie sind da; wir kennen Zellen, Fasern und Fibrillenstrukturen, die mit vergangenen, gegenwärtigen und zukünftigen seelischen Geschehnissen etwas zu tun haben werden; *was* aber in diesen Strukturen geschieht, das hat uns noch niemand gesagt. Und wenn es uns einer sagen würde, warum und wie körperliche und seelische Zustände und Vorgänge miteinander zusammenhängen, das würden wir darum doch nicht begreifen[1]. Man muß seine Mitmenschen nicht gleich mit dem Ignorabimus ärgern; am Ignoramus komme jedenfalls ich nicht vorbei.

---

[1] Vgl. Bumke: Die Revision der Neurosenfrage. Münch. med. Wschr. 1925, Nr. 43, S. 1815 und Die gegenwärtigen Strömungen in der Psychiatrie, S. 65ff. Berlin: Julius Springer 1928.

Freilich, wer an die Psychoanalyse glaubt, der hat es leicht. Wie ein Zauberkünstler läßt uns FREUD bald das Seelische, bald das Physische sehen, bis es aussieht, als wüßte er über beides Bescheid. Man muß nur nicht fragen, wie das alles geschieht, und vor allem, man muß von reiner Dialektik keine Beweise verlangen. Wenn FREUD z. B. von der Libidotheorie erklärt, daß sie zum wenigsten auf psychischem Grunde beruhe, so möchte ich wissen, warum er sie dann in ganzen Bänden doch bloß psychologisch zu beweisen [1] versucht; und wenn er fortfährt, die Libidotheorie werde im wesentlichen biologisch gestützt, so frage ich weiter: wie sehen diese physiologischen Stützen denn aus? Es ist wohl meine Schuld, wenn ich mehr frage, als FREUD beantworten kann.

Und nun möchte ich versuchen, der psychoanalytischen Bewegung eine Prognose zu stellen. FREUD hat in seiner Selbstdarstellung im Jahre 1925 [2] geschrieben: „Es vollzieht sich jetzt in der deutschen Psychiatrie eine Art von *pénétration pacifique* mit analytischen Gesichtspunkten. Unter unausgesetzten Beteuerungen, daß sie keine Psychoanalytiker sein wollen, nicht der „orthodoxen" Schule angehören, deren Übertreibungen nicht mitmachen, insbesondere aber an das übermächtige sexuelle Moment nicht glauben, machen doch die meisten der jüngeren Forscher dieses oder jenes Stück der analytischen Lehre zu ihrem Eigen und wenden es in ihrer Weise auf das Material an." Das wird wohl ungefähr stimmen, und ich gestehe, ich bin mit dieser Entwicklung

---

[1] Vgl. FREUD: Vorlesungen zur Einführung in die Psychoanalyse. Gesammelte Schriften 7, 14. Hier heißt es, die Psychoanalyse „will der Psychiatrie die vermißte psychologische Grundlage geben ... Zu diesem Zweck muß sie sich von jeder ihr fremden Voraussetzung anatomischer, chemischer oder physiologischer Natur freihalten, durchaus mit rein psychologischen Hilfsbegriffen arbeiten".

[2] Gesammelte Schriften 11, 173.

vollkommen zufrieden. Die Psychoanalyse geht den Weg, den viele gute und schlechte geistige Bewegungen vor ihr gegangen sind: erst spalten sie sich, wie sich von FREUD JUNG, ADLER und STEKEL[1] losgelöst haben; dann werden sie populär und dabei verdünnt und verwässert; und schließlich bleibt vom Kern der Lehre nichts übrig. Schon heute muß man vom eigentlichen psychoanalytischen Dogma manche Behauptungen trennen, die sich in der Tagespresse und in Romanen, die sich aber auch in zahlreichen medizinischen Schriften finden und die FREUD selbst kaum gutheißen wird. Und auch Mitläufer gibt es wie bei jeder richtigen Sekte. Auf jeden Arzt — von den Laien gar nicht zu reden —, der rechtgläubig und anerkannt ist, kommt mindestens ein Dutzend, das sich aus dem Ganzen nur ein paar Teile herausgeschält hat: einer lehnt so ziemlich alle Schlußfolgerungen ab und bekennt sich trotzdem zu der Methode; manch anderer aber setzt — ohne Methode — bei den meisten nervösen Krankheiten sexuelle Ursachen voraus und „hilft" seinen Patienten, indem er das sagt.

Ist es ein Zufall, daß Forscher, die die Psychoanalyse so gründlich kennen wie etwa ADLER und JUNG, sie als Ganzes schließlich *abgelehnt* haben? FREUD nennt in diesem Zusammenhange BLEULER, einen Forscher also, an dem wir neben seinem großen psychologischen und klinischen Können von jeher seine unbestechliche wissenschaftliche Ehrlichkeit und sein gerechtes Urteil bewundern. BLEULER habe, sagt FREUD[2], früher und später die „herzhaftesten Äußerungen" zugunsten der „Tiefenpsychologie" getan, sich dabei aber so ablehnend gegen das eigentliche psychoanalytische Lehrgebäude ver-

---

[1] Auf die Lehren dieser drei Forscher kann ich in diesem Aufsatz nicht eingehen. Wenn ich von Psychoanalyse spreche, meine ich immer die Psychoanalyse von FREUD. Vgl. Anm. 2 zu S. 1.

[2] Gesammelte Schriften 11, 163.

halten, „so wesentliche Stücke desselben bezweifelt oder verworfen, daß ich mich verwundert fragen konnte, was für seine Anerkennung davon erübrige". Wieder muß ich sagen: ist das ein Zufall? Hat denn BLEULER keine Gründe gehabt?

Aber darum ist es doch wahr, daß sich Spuren der Psychoanalyse im Denken sehr vieler Psychiater und anderer Ärzte auffinden lassen. FREUD meint[1], die Lehren vom Krankheitsgewinn und von der Flucht in die Krankheit seien rasch populär geworden. Wir haben wohl noch manches andere übernommen; auch die heutigen Auffassungen von der Wirkung von Kindheitserlebnissen, von Kriegs- und Unfallneurosen, ja von den pathologischen Entwicklungen überhaupt wären, obwohl sie denen von FREUD widersprechen, ohne FREUD doch wohl nicht möglich gewesen. Und so wird ein späteres Geschlecht vielleicht bestätigen, was ich schon vor Jahren schrieb: die Psychoanalyse sei eine notwendige Phase in der psychologischen Entwicklung gewesen und sie habe uns manche Einsichten vermittelt, die sich zunächst nur unter der Flagge des Unbewußten hätten einschmuggeln lassen.

Wie wird diese Entwicklung weitergehen? Obwohl FREUD das Wort Psychoanalyse ausschließlich für seine Lehre und seine Schule in Anspruch nimmt, werden schon heute nicht bloß BLEULER und JUNG, sondern auch KRONFELD und ALLERS als Kronzeugen für die Psychoanalyse genannt, aus derselben Gedankenlosigkeit heraus, aus der manche medizinische Literaten es für eine psychoanalytische Entdeckung halten, daß das Unbewußte das unbekannte X sei, dessen Wirksamkeit sich überall feststellen lasse. In Wirklichkeit hat man das Unbewußte von jeher gekannt; KRONFELD und ALLERS aber haben, wie Sie hörten, recht „herzhafte Äußerungen"

---

[1] Gesammelte Schriften 11, 167.

gegen die Methode getan; JUNG hat sich gegen „die lächerliche und beinahe krankhafte Übertreibung des sexuellen Gesichtspunktes" gewandt; und BLEULER lehnt u. a. auch eine „*absolute* Bewußtlosigkeit psychischer Vorgänge[1]" ab. Nimmt man sie alle zusammen — und mit ADLER, J. H. SCHULTZ, BINSWANGER und vielen anderen ist es dasselbe —, so bleibt von FREUDS Lehren wirklich nichts übrig; ja sogar die Grenzen zwischen Anhängern und Gegnern werden verwischt. Am Ende werden dann das Unbewußte, die Psychoanalyse und die Individualpsychologie[2] ihren ursprünglichen Wortsinn wieder erhalten — wir glauben ja alle an das Unbewußte, analysieren alle die Psyche unserer Patienten und sehen alle zu, wie wir ihrer Individualität, ihrer seelischen Eigenart gerecht werden können. Ist es *so* weit, dann ist es gut. FREUDS Methode wird dann verschwinden; denn sie würde den Untergang aller Wissenschaft, das Ende jeder Forschung bedeuten. Gewisse Erkenntnisse aber, die wir überhaupt keiner Methode, sondern der psychologischen Begabung von FREUD, von JANET und manchen anderen, vor allem aber von FRIEDRICH NIETZSCHE verdanken, die werden bleiben — so wie von der Überschwemmung des Nils schließlich auch nicht das Wasser, sondern die Fruchtbarkeit bleibt. Und bleiben wird auch die Einsicht, die vor vierzig Jahren immerhin notwendig war: daß es *keine Psychologie* geben kann, *die nicht den ganzen Menschen zu erfassen versucht*, und daß man dieses Ziel mit einiger Sicherheit immer nur am *einzelnen* Menschen erreicht.

---

[1] Z. Neur. 64, 123 (1921): „Ich will BUMKE bei dieser Gelegenheit etwas verraten, was ich bis jetzt keinem Menschen gesagt habe, aus Furcht, neue Konfusionen heraufzubeschwören: an eine *absolute* Bewußtlosigkeit psychischer Vorgänge beim Menschen glaube ich auch nicht."

[2] Dieser von ADLER geschaffenen Lehre stehe ich näher als der von FREUD; ich kann sie hier aber nicht besprechen.

GPSR Compliance

The European Union's (EU) General Product Safety Regulation (GPSR) is a set of rules that requires consumer products to be safe and our obligations to ensure this.

If you have any concerns about our products, you can contact us on ProductSafety@springernature.com

In case Publisher is established outside the EU, the EU authorized representative is:

Springer Nature Customer Service Center GmbH
Europaplatz 3
69115 Heidelberg, Germany

Batch number: 10844627

Printed by Printforce, the Netherlands